CONFIANÇA

Dados Internacionais de Catalogação na Publicação (CIP)
(Câmara Brasileira do Livro, SP, Brasil)

Grün, Anselm
  Confiança : sinta sua força vital! / Anselm Grün, Nikolaus Schneider ; tradução de Markus A. Hediger. – Petrópolis, RJ : Editora Vozes, 2022.

  Título original: Vertrauen.
  ISBN 978-65-5713-483-2

  1. Autoconfiança 2. Bíblia – Análise 3. Confiança 4. Confiança em Deus – Cristianismo 5. Existência cristã 6. Fé (cristianismo) I. Schneider, Nikolaus. II. Título.

21-88369　　　　　　　　　　　　　　　　　　　　　　　　CDD-234.2

Índices para catálogo sistemático:
1. Confiança : Cristianismo　234.2

Eliete Marques da Silva – Bibliotecária – CRB-8/9380

Anselm Grün
Nikolaus Schneider

CONFIANÇA
Sinta sua força vital!

Tradução de Markus A. Hediger

Petrópolis

© 2019 Vier-Türme GmbH, Münsterschwarzach.

Tradução realizada a partir do original em alemão intitulado
Vertrauen – Spüre deine Lebenskraft!

Direitos de publicação em língua portuguesa – Brasil:
2022, Editora Vozes Ltda.
Rua Frei Luís, 100
25689-900 Petrópolis, RJ
www.vozes.com.br
Brasil

Todos os direitos reservados. Nenhuma parte desta obra poderá ser reproduzida ou transmitida por qualquer forma e/ou quaisquer meios (eletrônico ou mecânico, incluindo fotocópia e gravação) ou arquivada em qualquer sistema ou banco de dados sem permissão escrita da editora.

CONSELHO EDITORIAL

Diretor
Gilberto Gonçalves Garcia

Editores
Aline dos Santos Carneiro
Edrian Josué Pasini
Marilac Loraine Oleniki
Welder Lancieri Marchini

Conselheiros
Francisco Morás
Ludovico Garmus
Teobaldo Heidemann
Volney J. Berkenbrock

Secretário executivo
Leonardo A.R.T. dos Santos

Editoração: Maria da Conceição B. de Sousa
Diagramação: Sheilandre Desenv. gráfico
Revisão gráfica: Fernando Sergio Olivetti da Rocha
Capa: Pedro de Oliveira

ISBN 978-65-5713-483-2 (Brasil)
ISBN 978-3-7365-0226-0 (Alemanha)

Este livro foi composto e impresso pela Editora Vozes Ltda.

SUMÁRIO

Prefácio – Confiança é uma força vital insubstituível, 7
Nikolaus Schneider

Autoconfiança, 11
Anselm Grün
    Caminhos para a autoconfiança, 11
    Medo da própria realidade, 14
    Despedida das ilusões, 16
    Autoconfiança ou autossegurança, 17
    Autoconfiança e autoconhecimento, 18
    Descobrir o verdadeiro si-mesmo, 20
    Assumir a si mesmo, 21
    Confiar em sua própria capacidade, 23
    Comentário de Nikolaus Schneider, 27

A capacidade de confiar em outras pessoas, 34
Anselm Grün
    Confiança no âmbito público, 35
    Confiança no âmbito pessoal, 39
    Confiança depois de uma traição, 42
    Comentário de Nikolaus Schneider, 49

Confiança sólida em Deus, 56
Nikolaus Schneider
    Mudança e renovação, 57
    A busca existencial de Deus à beira dos abismos, 58
    Não suspender a razão, 60
    A fé em tempos científicos, 62
    Pensar e falar de Deus em contradições, 64

Suportar as perguntas pelo "porquê" sem respostas, 68
Esperança para além da morte, 69
Comentário de Anselm Grün, 70

Impulsos bíblicos, 77
"A confiança que ostentas" (2Rs 18,19), 79
Nikolaus Schneider

"Não percais a vossa coragem!" (Hb 10,35-36), 84
Anselm Grün

"Dele esperamos" (2Cor 1,8-10), 90
Anselm Grün

"Ainda perseveras na tua integridade?" (Jó 2,7-13), 95
Nikolaus Schneider

"Aqui estou" (Gn 22,1-19), 99
Anselm Grün

"A tua confiança te salvou" (Lc 7,36-50), 104
Nikolaus Schneider

"Repreendeu-lhes a incredulidade e a dureza de coração por não terem acreditado" (Mc 16,14-15), 109
Nikolaus Schneider

"O Senhor é meu Pastor" (Sl 23), 113
Anselm Grün

Posfácio, 119
Anselm Grün

PREFÁCIO

Confiança é uma força vital insubstituível

Nikolaus Schneider

Na capa deste livro, um barco convida para a leitura. Desde o início da história do cristianismo o barco é um símbolo para a Igreja e para a comunidade cristã. Vemos as nossas Igrejas como um barco navegando pelo mar do tempo. De um lado, essa imagem aponta para a vulnerabilidade e o perigo da existência cristã e das comunidades cristãs: um barco não veleja somente em águas calmas. O mar do tempo também traz tempestades e ondas altas e perigosas que podem levar o barco ao naufrágio, ameaçando afundar e afogar as pessoas a bordo.

O barco também simboliza um espaço de refúgio e ação que, no agitado e perigoso mar do tempo, permite-nos alcançar um porto seguro. Ele nos protege das forças naturais furiosas, continuando ágil e capaz de nos suportar. As pessoas a bordo do barco podem aproveitar as circunstâncias da água e do vento, do sol e das correntezas com inteligência para atravessar o tempo e alcançar seus destinos em segurança.

Anos atrás, um amigo disse-me uma palavra piedosa e, ao mesmo tempo, cheia de sabedoria de vida para as minhas funções na liderança da Igreja.

A Deus pertencem as ondas e o vento; vela e timão, porém, que te levam até o porto, pertencem a ti.

Se quisermos que o barco das nossas Igrejas e comunidades navegue com sucesso através dos tempos devemos ser humildes em relação ao poder da criação de Deus e, ao mesmo tempo, assumirmos a nossa responsabilidade humana. O poder de Deus e a contribuição do ser humano devem cooperar para que o barco consiga navegar pelo mar do tempo. E o que vale para o barco da Igreja e da comunidade vale igualmente para outros barcos da vida que nos abrigam e transportam em nossa viagem.

Penso, por exemplo, em nossas famílias e círculos de amigos. Todos nós queremos persistir em meio às ameaças do tempo. Queremos que o barco da nossa vida atravesse vento e ondas; queremos alcançar o porto, o nosso destino, não naufragar em tempestades e também sobreviver com confiança em tempos de calmaria.

A vida sempre nos ensina que nós não somos os senhores das ondas e do vento e que precisamos de forças sustentáveis para usar vela e timão com esperteza e sucesso. Essas forças não são forma física nem perseverança enorme. O mais importante é uma confiança resistente em nossas capacidades, em nós mesmos, naquilo que vimos em outros, aprendemos com eles e no convívio com as pessoas que estão no barco conosco.

Esse tipo de confiança é a força vital decisiva quando o barco da Igreja, dos municípios ou da nossa vida pessoal precisa atravessar o mar agitado do tempo. Essa confiança nos dá a coragem de ousar as manobras necessárias, mesmo que arriscadas. E essa confiança nos dá também a prudência de estabelecer os limites dos riscos que queremos correr, de tal modo que um naufrágio seja evitado.

Neste livro, quando nós dois, Anselm Grün e Nikolaus Schneider, refletimos sobre a confiança, temos em vista principalmente o ser humano como indivíduo. Mas a importância da confiança para o convívio numa comunidade sempre é vista como uma precondição. O que nos une é a convicção de que a confiança é uma força vital insubstituível para navegarmos no barco de nossa vida individual e no barco de comunidades inteiras pelo mar do tempo. Em nossas contribuições temáticas contemplamos três dimensões diferentes de confiança que se complementam e fertilizam mutuamente:

1) a confiança em si mesmo; ou seja, a autoconfiança;

2) a confiança em outros; e

3) a confiança em Deus.

Às reflexões de um, o outro acrescenta um comentário, que expressa consentimento, levanta perguntas ou acrescenta outros aspectos ao assunto discutido.

Encontramos a confiança como força vital insubstituível também em muitos textos bíblicos; é um tema fundamental que percorre toda a Bíblia. E não é acaso algum que algumas traduções mais recentes da Bíblia traduzem a palavra grega para *fé* sempre como *confiança*.

Nós dois queremos usar a interpretação e a meditação sobre textos bíblicos para fazer ressoar as mensagens de confiança para o dia a dia atual. Decidimos seguir a seleção dos textos bíblicos do 37º Dia da Igreja Evangélica, realizado em junho de 2019 em Dortmund. Seu lema foi: "A confiança que ostentas".

Desejamos que este livro incentive e encoraje vocês, queridas leitoras e queridos leitores, a ousarem na confiança e a apostarem em relacionamentos cheios de confiança, especialmente em tempos tempestuosos da vida. Que a confiança também seja uma força vital benéfica em sua vida!

AUTOCONFIANÇA

Anselm Grün

Falta de autoconfiança é um tema que surge em muitas conversas de aconselhamento. As pessoas se sentem inseguras. Elas não têm coragem de falar na frente de outros porque têm medo de passar vergonha, ou de que os outros sejam capazes de expressar de forma muito mais clara do que elas. Têm vergonha de se expor na frente de outros e não se sentem à vontade entre outras pessoas; muitas delas se preocupam com aquilo que os outros possam estar pensando a seu respeito. Simplesmente não estão consigo mesmas; sentem-se sempre observadas e avaliadas. Quando falo com essas pessoas sobre isso, muitas vezes encontramos a razão dessa falta de autoconfiança nas mensagens que elas ouviram na infância: "Você é lento demais". "Há algo de errado com você". "Você é burro". "Os outros são muito mais inteligentes". "Que roupa é esta!" "Desse jeito você não me sai de casa!" Mensagens desse tipo causam insegurança, e muitos interiorizam essas mensagens. Passam a avaliar a si mesmos de forma negativa, observando e julgando a si mesmos; seus pensamentos não param de girar em torno de suas falhas. Por isso, essas pessoas acreditam que todos os outros também as observam e avaliam.

Caminhos para a autoconfiança

A falta de autoconfiança não pode ser compensada por meio de uma conversa. Mas, mesmo assim, não somos vítimas impotentes dessa falta de autoconfiança. O primeiro caminho para adquirir autoconfiança consiste em sentir a si mesmo e parar de se comparar com os outros. Enquanto eu fizer isso, sempre sairei perdendo e sempre terei a impressão de que os outros são melhores do que eu. Søren Kierkegaard disse:

> A comparação é o fim da felicidade; e o início da insatisfação.

Quando me comparo com outros nunca estou comigo mesmo; estou sempre no outro. Autoconfiança significa, porém, sentir e confiar em mim mesmo. O psicólogo austríaco Paul Watzlawick afirmou que comparar-se com as pessoas erradas é o caminho mais rápido para a infelicidade. Quando eu me comparo com pessoas de mais sucesso, sempre me acho pequeno e insignificante e quero me esconder do resto do mundo.

Outra razão para a falta de autoconfiança é que ficamos nos perguntando o tempo todo o que os outros poderiam estar pensando de nós. Uma mulher me contou que seus pais lhe transmitiram pouca autoconfiança. O resultado disso se manifesta agora quando ela anda pelas ruas de sua cidade para fazer compras. Para a maioria das pessoas, isso não é problema algum. Mas ela costumeiramente fica pensando: as pessoas que cruzam meu caminho certamente pensam que sou estranha; que sou uma doente mental.

A reflexão constante sobre os pensamentos dos outros me afasta de mim mesmo e destrói a minha autoconfiança. Devo me proibir de refletir sobre aquilo que os outros poderiam estar pensando sobre mim.

Se esses pensamentos voltarem a surgir dentro de mim – é quase impossível impedir que voltem –, eu não me irritarei com eles, mas os entenderei como um convite para dizer a mim mesmo: "O que essas pessoas pensam sobre mim é problema delas. Se estiverem com vontade, que pensem sobre mim o que quiserem. Mas esses pensamentos pertencem a elas. Não são da minha conta". Nem sempre isso é fácil, pois os pensamentos voltam e voltam. Se eu me defender deles somente com meus próprios pensamentos, a luta nunca terminará. Uma estratégia mais útil é tentar sentir-me em seu corpo. Quando esses pensamentos aparecem, tento sentir meu corpo, permanecer comigo mesmo. Uma ajuda pode ser tocar a si mesmo, colocar as mãos uma na outra ou colocar uma das mãos sobre o coração. Assim, volto para mim mesmo. Eu me sinto; eu me permito ser do jeito que sou; nem preciso me sentir seguro.

Imagens interiores também podem ajudar a criar autoconfiança. Quando criança, a mulher que tinha medo das avaliações dos pedestres na rua costumava imaginar que um leão a acompanhava à sua direita e um urso à sua esquerda. Eu a incentivei a usar essa imagem quando fosse para a rua. Na sua infância, ela tinha pouca autoconfiança. Mas essa imagem a ajudou em várias situações. E a mesma imagem poderia ajudá-la hoje a se sentir segura na rua. O leão é uma imagem de sua própria agressividade, com a qual ela impõe limites entre si mesma e os outros. E o urso faz com que ela se lembre de que possui a força de um animal selvagem. Quando fixamos nossa atenção nos outros e caminhamos pelas ruas nos perguntando o que eles estariam pensando de nós, uma simples caminhada pode se transformar em uma atividade estressante. Se você não quiser usar imagens interiores, palavras da Bíblia também podem ajudar a se libertar da fixação em outras pessoas e estar consigo mesmo. Posso, por exemplo, andar pelas ruas pensando nesta afirmação:

> O SENHOR está a meu favor: nada temo. / Que mal
> poderá alguém me fazer? (Sl 118,6).

Ou neste versículo:

> Ainda que eu ande por um vale de espessas trevas, /
> não temo mal algum, porque Tu estás comigo
> (Sl 23,4).

As palavras da Bíblia estabelecem um contato com a confiança interior, que sempre existe dentro de mim, apesar de todos os medos que possa sentir.

Constantemente encontro pessoas que sentem falta de autoconfiança em rodas de conversa. Acreditam que não sabem falar tão bem quanto os outros participantes. Gostariam de dizer algo, mas o pensamento de que os outros poderiam dizer o mesmo de forma melhor as impede. Então permanecem caladas e, mais tarde, irritam-se consigo mesmas por causa disso. É importante, também, livrar-se da pressão; ou seja, da obrigação de dizer algo. Eu não sou obrigado a dizer nada; simplesmente ouço o que os outros têm a dizer. Eu só digo algo quando sentir vontade de me expressar; também me liberto do julgamento dos outros. Quando digo algo, concentro-me totalmente naquilo que estou dizendo e não dou atenção à reação dos outros. Tento sentir a mim mesmo enquanto falo. Isso me distancia dos outros e de seus julgamentos.

Medo da própria realidade

Muitos não têm autoconfiança porque temem que os outros possam descobrir algo vergonhoso neles. Um bom caminho para alcançar verdadeira autoconfiança é meditar nas palavras de Jesus. Ele diz aos seus discípulos:

Portanto, não tenhais medo deles; porque não há nada encoberto que não venha a ser revelado, nem escondido que não venha a ser conhecido (Mt 10,26).

Deus conhece tudo o que está dentro de mim. Não existe nada que seja oculto dele. Se Deus me aceita completamente, se eu não tiver de esconder nada dele, então eu também posso me aceitar. Não existe nada dentro de mim que não seja penetrado e aceito pelo amor de Deus. Quando me conscientizo dessa verdade e permito que ela penetre o fundo do meu coração, deixo de temer que as pessoas possam encontrar algo vergonhoso dentro de mim. Não sou obrigado a exibir minhas fraquezas a todos, mas quando sei que sou totalmente aceito por Deus, não preciso ter medo quando outros descobrem alguma falha em mim. Minha fraqueza tem um direito de ser. Ela foi aceita por Deus; por isso, eu também a aceito. E então, quando outra pessoa a descobre, isso deixa de ser uma catástrofe.

Adquirir autoconfiança não é, portanto, somente uma tarefa psicológica, mas também um exercício espiritual. Quando me conscientizo de que sou totalmente aceito por Deus, isso fortalece minha autoconfiança, que se expressa em autoaceitação: eu me aceito do jeito que sou. Quando alguém me diz que não consegue aceitar a si mesmo, eu sempre pergunto: "Por quê?" Muitos respondem: "Porque não gosto da minha aparência, porque sou gordo demais, porque sou sensível demais, porque sou muito inseguro". As pessoas têm imagens específicas de si mesmas às quais querem corresponder, mas essas imagens não correspondem à realidade. Por isso é importante se despedir dessas imagens para poder aceitar a si mesmo. As imagens ilusórias que temos de nós mesmos nos impedem a autoaceitação.

Outra causa da falta de autoconfiança está nos sentimentos de culpa. Não conseguimos aceitar a nós mesmos porque nem sempre agimos como queremos, porque ficamos aquém dos nossos próprios padrões e temos dificuldade de admitir a culpa. Mesmo assim, ela pesa sobre nós. Aqui está em jogo o importante conceito cristão do perdão para poder aceitar a si mesmo. Paul Tillich chama o perdão de "aceitação do inaceitável". Uma pessoa que se tornou culpada de algo não consegue aceitar a si mesma. Mas quando sabe que Deus a aceita com a sua culpa, ela também pode dizer sim a si mesma. Ela não precisa mais se desculpar o tempo todo pelo simples fato de existir.

Despedida das ilusões

Uma mulher me escreveu que ela se irrita consigo mesma porque sempre cora quando está num grupo. Ela está tão fixada no perigo de corar, que mal consegue abrir a boca; fica bloqueada. E quanto mais ela tenta evitar que seu rosto fique vermelho, mais isso acontece. Ela gastou muito dinheiro com uma terapia, mas isso não a ajudou. Eu lhe escrevi que, em primeiro lugar, ela deve permitir que fique corada. O fato é simplesmente que ela tem sentimentos, e eles têm o direito de ser e podem se manifestar externamente. Sentimentos nos tornam simpáticos. Ela acredita que o fato de enrubescer a exclui. Na verdade, porém, isso a torna humana e simpática. Devo ver minha suposta fraqueza em outra luz.

Quando aceito sua existência ela não me dominará mais. Ruim é apenas o medo do medo, a fixação no enrubescer. Assim, surge um ciclo vicioso, e rompê-lo é quase impossível. Mas quando permito que meus sentimentos se expressem no enrubescer, eu me sinto assim que coro. Então, digo a mim mesmo: "Sim, é bom ter sentimentos. Eu reajo às pessoas. E isso é bom".

Isso soa tão simples, mas exige primeiro uma despedida dolorosa da ilusão de que sempre sou uma pessoa firme e segura, de que consigo esconder meus sentimentos, de que consigo me esconder das pessoas. Quando me despeço dessa autoimagem ilusória, minha autoconfiança aumenta. Eu me permito ser do jeito que sou. Essa é a precondição para que eu possa crescer e me tornar mais seguro. Devo chorar o fracasso das minhas tentativas de evitar o enrubescer do meu rosto. Quando choro o fato de não ser como gostaria de ser, alcanço minhas possibilidades e capacidades reais. Então descubro minhas verdadeiras qualidades.

Autoconfiança ou autossegurança

Algumas pessoas que externamente aparentam ter muita autoconfiança são internamente inseguras. Elas precisam se apresentar dessa forma, precisam demonstrar tanta autossegurança porque não têm um si-mesmo forte. Quando alguém dá ênfase excessiva à sua autoconfiança e autossegurança, ninguém acredita nele. As pessoas pessoas percebem essa desmedida insistência. Uma autoconfiança verdadeira não é assim; tal autoconfiança tem somente aquele que também consegue assumir suas fraquezas. Alguém que esconde suas sombras gasta muita energia para manter *a sua fachada*. E, em algum momento, essa energia lhe fará falta para a vida.

Alguns fazem de conta que são sempre bem-sucedidos. Os psicólogos, porém, explicam que, por trás de pessoas excessivamente autoconfiantes, existe uma personalidade narcisista. Elas precisam cultivar constantemente uma aparência autoconfiante porque só conseguem sentir a si mesmas quando são o centro das atenções; sempre precisam de palco para conseguirem ter percepção de si mesmas. Quando conhecemos melhor essas pessoas percebemos que não conseguimos nos aproximar delas, pois ergueram um muro ao seu redor. Na frente desse muro elas se apresentam como personalidades grandes, bem-sucedidas e seguras de si. Mas, assim que nos aproximamos delas, percebemos a insegurança que se esconde por trás dessa fachada.

Uma maneira de esconder a falta de autoconfiança de muitas pessoas pode ser percebida nas redes sociais, como Facebook e Instagram, nas quais sentem pressionadas a se apresentarem da melhor maneira possível. Quando visitamos essas páginas temos a impressão de que estamos olhando para uma pessoa cuja vida é perfeita; nela, cada detalhe se encaixa perfeitamente; é sempre bem-sucedida e sempre está bem. No entanto, quando alguém sente a necessidade de se apresentar dessa forma, muitas vezes sofre de falta de autoconfiança.

Por outro lado, a leitura das páginas de outros destrói a autoestima dos jovens que já não são muito autoconfiantes; eles se comparam com aquilo que os outros contam e escrevem sobre suas vidas. Acreditam que, em comparação com a vida dos outros, sua própria vida é terrivelmente mediana e pouco empolgante; sentem-se inferiores. Por isso, é igualmente necessário ter uma postura de ascese quando lidamos com as redes sociais. Não fazemos favor algum a nós mesmos se ficarmos lendo sobre a vida dos outros nesses sites; pois essa prática gera sentimentos de inveja, prejudicando o nosso humor.

Autoconfiança e autoconhecimento

C.G. Jung diz que, para se adquirir autoconfiança, é preciso aceitar as sombras e reconciliar-se com elas. Isso exige humildade e humor. Uma pessoa que constata sua força, sem qualquer manifestação de humor, vive com medo de que sua máscara seja arrancada. Mas uma pessoa que assume seus erros e aceita suas sombras é capaz de lidar tranquilamente também com os outros; ela não precisa ter medo de que descubram suas fraquezas. Ela já as assumiu, mesmo que não saia por aí proclamando suas falhas. Aliás, uma pessoa que sempre revela suas fraquezas imediatamente pode ter algo a esconder; ela revela suas fraquezas inofensivas para poder ocultar suas fraquezas reais. Uma pessoa reconciliada encara os outros com tranquilidade; ela não se deprecia, mas também não tem medo de que eles descubram algo que deseja esconder a qualquer custo. Já que assumiu as suas sombras, ela pode interagir com os outros sem ficar girando em torno de sua suposta força; simplesmente está presente e se abre às pessoas; não precisa representar o papel de uma pessoa melhor, mas se apresenta do jeito que é. Isso gera relacionamentos e a torna simpática.

Em sua teoria sobre a psique humana, C.G. Jung faz uma distinção entre ego e si-mesmo. O ego sempre quer demonstrar o seu valor, autogirando-se. Já o si-mesmo é o centro do ser humano, incluindo o consciente e o inconsciente, os pontos fortes e os pontos fracos, o humano e o divino. Quando o ser humano trilha o caminho que leva do ego ao si-mesmo ele se torna cada vez mais tranquilo, autêntico e livre. O que Jung descreve a partir do ponto de vista da psicologia Jesus expressou com estas palavras:

> Se alguém quiser vir após mim, renuncie a si mesmo, tome a sua cruz cada dia e me siga (Lc 9,23).

Alguns acreditam que estas palavras não nos apontam o caminho da autorrealização, mas da autonegação. Na realidade, o que Jesus quer dizer com estas palavras é que devemos nos distanciar do nosso ego, pois este sempre tenta nos dominar. Nós só alcançamos o nosso si-mesmo mantendo distância do nosso ego, tomando a nossa cruz e nos aceitando com todos os opostos que existem dentro de nós. Para C.G. Jung, a cruz simboliza a união dos opostos; ele acredita que a autorrealização exige a reconciliação com os nossos opostos. O Evangelista João entende a cruz como algo semelhante a um abraço (cf. Jo 13,32). Na cruz, Jesus nos abraça com nossos opostos, para que também nós nos abracemos com nossos lados contraditórios. Assim, encontramos paz e tranquilidade interiores; assim adquirimos autoconfiança verdadeira. Nada que existe em nós nos assusta; tudo é abraçado pelo amor de Jesus.

Descobrir o verdadeiro si-mesmo

A psicologia transpessoal afirma que o nosso si-mesmo verdadeiro não é aquilo que apresentamos ao mundo. Nas nossas profundezas existe o si-mesmo espiritual; ele é o núcleo pessoal mais íntimo criado por Deus, a imagem original e intocada que Deus tem de cada um de nós. Autoconfiança não significa necessariamente que eu me apresente ao mundo como seguro de si. Trata-se, em primeiro lugar, de entrar em contato com esse núcleo mais íntimo e me conscientizar do fato de que eu sou único e singular, independentemente daquilo que os outros possam pensar de mim. Isso me dá liberdade interior.

Às vezes medito durante uma semana inteira sobre as palavras que Jesus disse aos seus discípulos após a sua ressurreição: "Eu sou eu mesmo". A formulação grega *ego eimi autos* remete à visão da filosofia estoica. Para os estoicos, *autos* é o núcleo mais íntimo de uma pessoa, o santuário interior ao qual os outros não têm acesso, que ninguém é capaz de ferir. Encontramos a autoconfiança verdadeira quando entramos em contato com esse centro mais íntimo. Lá, somos inteiramente nós mesmos. Se, em tudo o que eu fizer – ao levantar, no café da manhã, em conversas, no trabalho, em reuniões etc. –, repetir sempre a frase "Eu sou eu mesmo", a primeira coisa que perceberei é a frequência com que exerço um papel, como geralmente não sou eu mesmo, mas me adapto; nessas ocasiões percebo o que alguém espera de mim e assumo um papel que corresponde a essas expectativas. Repetir constantemente "Eu sou eu mesmo" me liberta sempre mais de meus papéis e de minhas máscaras. Isso gera uma grande liberdade interior; não preciso provar o meu valor o tempo todo; sou simplesmente eu mesmo. Não consigo definir perfeitamente esse "eu mesmo", mas sinto que existe algo dentro de mim que os outros não podem tirar nem destruir.

Uma boa maneira de adquirir uma autoconfiança saudável sem a necessidade de se autopromover constantemente consiste na meditação desta frase de Jesus, vista acima: "Eu sou eu mesmo". Para o Evangelho de Lucas, o mistério da ressurreição consiste no fato de que Jesus se tornou totalmente Ele mesmo. Nós já temos parte na ressurreição dele; podemos repetir com o Ressurrecto: "Eu sou eu mesmo". Isso fará cada um de nós levantar do túmulo do medo de não se bastar; isso me erguerá e dará uma profunda liberdade interior. Não preciso me pressionar nem provar o meu valor; eu simplesmente sou. Essa certeza do "Eu sou eu mesmo" contém uma noção do mistério que me define e caracteriza, e também da minha singularidade que recebi de Deus. Quando recito esta frase, também passo a não me comparar com os outros. Não preciso ser melhor, não preciso falar melhor, não preciso ser mais seguro de mim mesmo. Basta ser simplesmente eu mesmo.

Assumir a si mesmo

Quando alguém não tem autoconfiança costumamos dizer: Ele não assume quem é. Não possui postura. A Bíblia diz que devemos ser firmes na fé. O Profeta Isaías diz:

Se não acreditardes não permanecereis (Is 7,9).

Também poderíamos traduzir esta passagem desta forma: "Se não acreditardes não tereis postura". Ter fé significa *firmar-se sobre um solo firme, sobre uma rocha, que é o próprio Deus.* Paulo adverte os cristãos:

Permanecei firmes na fé! (1Cor 16,13).

E:

Perseverai firmes no Senhor! (Fl 4,1).

Isso significa que a fé pode ser uma ajuda para assumir uma posição firme, pois nos firmamos sobre um solo firme, que é o próprio Deus. Quando alguém tem pouca autoconfiança eu peço que faça o exercício de assumir uma postura ereta e recite este versículo:

Descarrega teu fardo sobre o SENHOR, e Ele te sustentará (Sl 55,23).

Ou o versículo:

Tenho sempre o SENHOR ante meus olhos; porque Ele está à minha direita, não vacilarei (Sl 16,8).

Quando recito estes versículos enquanto estou de pé, cresce em mim a confiança. Sinto que ficar em pé não é apenas uma postura externa, mas que, ficando em pé, posso fazer o exercício de assumir a mim mesmo, defender-me. Quando faço isso, cresce em mim a autoconfiança.

Frequentemente, vejo palestrantes que não estão à vontade consigo mesmos. Ficam se apoiando numa perna, depois na outra. Externamente passam a impressão de estarem à vontade e cheios de autoconfiança. Mas sua incapacidade de permanecer eretos, de estar à vontade consigo mesmos mostra que, por trás da fachada autoconfiante, esconde-se insegurança. Por isso, pode ser um exercício útil treinar uma postura ereta. Uma bela imagem para a firmeza é a árvore; ela está profundamente enraizada na terra e abre sua copa para o céu. Quando me coloco ao lado de uma árvore profundamente enraizada na terra consigo imaginar o que significa ter autoconfiança. Não preciso me esforçar para ficar firme e imóvel como uma coluna de concreto, mas posso fazer isso de forma leve como uma árvore, porque minhas raízes são profundas. Se vier uma tempestade eu posso balançar como uma árvore, mas a tempestade não me derrubará.

Confiar em sua própria capacidade

Outro tipo de falta de autoconfiança é quando não confio em mim mesmo para fazer algo; por exemplo, falar na frente de outras pessoas. Não confio que posso saltar sobre um obstáculo; muitos de nós vivenciaram isso nas aulas de Educação Física. Alguns alunos simplesmente confiavam que conseguiriam, e saltaram sobre o obstáculo. Outros não tiveram coragem; hesitaram e pararam diante do obstáculo. Aqui se revelava a postura interior das crianças. Não devemos julgar essa postura; é uma questão de constituição e, certamente, também de criação. Uma pessoa que, por natureza, gosta de tentar e arriscar algo novo não terá problemas na hora de saltar. Mas uma pessoa que é medrosa terá dificuldades. Muitas vezes, essa confiança está vinculada à criação. Quando os pais acreditam que o filho consegue fazer algo, ele acreditará nisso.

Quando uma criança nasce ela aprende da mãe que é bem-vinda nesta terra; ela se sente acolhida. O psicólogo alemão Erik Erikson, que foi professor nos Estados Unidos, cunhou o conceito da confiança primordial. Em sua opinião, a confiança primordial consiste no sentimento de poder confiar nos pais e também em si mesmo. Uma pessoa que aprendeu a ter essa confiança primordial se sente apoiada e sustentada por uma confiança profunda na confiabilidade das pessoas, e até mesmo na confiabilidade em relação à própria existência. Essa confiança primordial também possui um elemento religioso; na confiabilidade das pessoas transparece algo da fidelidade de Deus, no qual podemos confiar e que permanece do nosso lado. A fé em Deus, que nos aceita incondicionalmente, fortalece essa confiança primordial. No entanto, isso exige também uma fala apropriada sobre Deus. A educação religiosa deve fortalecer a confiança no Deus confiável e não deve falar de um deus controlador, que perverte a confiança primordial da criança e a transforma num medo primordial.

Os pais ainda transmitem outro tipo de confiança. Eles fortalecem e apoiam o filho para que ele ouse algo; eles ensinam o filho a saltar, segurando-o quando cai. Assim, o filho aprende a saltar cada vez mais alto e longe. Quando uma criança carece dessa energia, ela não acredita que pode fazer muita coisa. Theodor Bovet disse certa vez: ideologia é um substituto para o pai. Quando meu pai não me apoiou suficientemente, eu procuro esse apoio numa ideologia. Externamente, tudo está claro e seguro, mas o apoio externo limita e me torna obstinado – a obstinação é o outro lado da falta de autoconfiança. Outros tentam encobrir isso por meio do controle; eles controlam a si mesmos, seus sentimentos, suas palavras para não apresentarem externamente nenhuma falha. Mas esse controle pode se transformar em compulsão; então ficam presos num ciclo vicioso. Todos precisamos recuar cada vez mais porque não conseguimos controlar muitas situações.

A falta de confiança se manifesta de muitas formas na vida. Alguém não confia em si mesmo para fazer uma prova; ele teme não passar. Outro não tem coragem de se candidatar para determinado emprego, ou tem medo de não dar conta do trabalho, de não conseguir fazer tudo que o chefe espera dele. Tal falta de autoconfiança impede muitas pessoas de desdobrarem o potencial de talentos que Deus lhes deu. Elas não confiam em si mesmas, e assim sua vida se torna cada vez mais restrita e menor. Jamais devemos nos contentar em constatar que não confiamos em nós mesmos. As circunstâncias que geraram essa falta de confiança não podem ser mudadas, mas o que fazemos com isso depende de nós. Podemos aprender a dar passos e saltos menores. Quando conseguirmos fazer o pouco, ousaremos tentar um salto maior. Podemos treinar dizer algo num grupo, mesmo que sejam apenas poucas palavras. No entanto, quanto mais nos escondermos por trás da falta de autoconfiança, mais essa falta se solidificará.

Os textos bíblicos também podem ajudar a confiar mais em si mesmo. Durante dez anos eu costumava fazer uma caminhada de uma semana pelo Steigerwald com um grupo de jovens. No fim do primeiro dia precisávamos escalar uma colina para chegar à igreja em Grossbirkach. Os jovens já estavam um pouco cansados. Certa ocasião fizemos uma pausa antes da escalada e eu lhes disse que escalaríamos a colina em silêncio com a ajuda de um versículo dos Salmos, e que cada um recitaria em silêncio para si mesmo:

Contigo transponho o fosso,
com a ajuda de meu Deus salto muralhas (Sl 18,30).

Este versículo ajudou os jovens a superarem seu cansaço. E antes mesmo de perceber, eles já estavam à porta da igreja. Este versículo também pode nos ajudar no trabalho, quando nos vemos diante de uma tarefa difícil ou precisamos liderar um projeto. Muitos se fixam no pensamento de que não são capazes de fazer isso. Não precisamos saber com toda a certeza de que somos capazes; não precisamos ser capazes. Mas quando meditamos sobre este versículo dos Salmos, confiamos que Deus nos ajudará nessa tarefa.

Aquele que se concentra em seu medo de não conseguir dar conta da tarefa gira, no fundo, em torno de seu ego; o orgulho de seu ego não deverá ser ferido. Ele quer passar a impressão de que é forte e inabalável. Mas aquele que confia em Deus e acredita que Ele lhe dará a força necessária para a tarefa já não se importa com o seu ego. Não se trata de passar a impressão de ser uma pessoa forte e resistente ao estresse. É necessário ter a coragem de admitir os próprios limites. Às vezes, uma tarefa realmente parece estar além do nosso alcance. Nessa situação, precisamos parar e nos voltar para Deus, pedindo que Ele nos dê sucesso.

A medida de nossa autoconfiança depende das experiências que fizemos na infância, se nossos pais nos transmitiram uma confiança primordial e nos apoiaram adequadamente. Mas seria bom aprendermos a desenvolver nossa autoconfiança independentemente dessas experiências na infância. Existem modos de comportamento que ajudam a adquirir autoconfiança: parar de se comparar com os outros, permanecer mais consigo mesmo. Às vezes, outras pessoas nos ajudam a desenvolver uma autoconfiança maior; por exemplo, quando nos elogiam e nos desafiam a fazer algo mais difícil. Mas o caminho para a autoconfiança também sempre é um caminho espiritual. As palavras da Bíblia podem nos ajudar a desenvolver autoconfiança, e a própria fé é um tipo de autoconfiança. Pois, de acordo com a Carta aos Hebreus,

A fé é o fundamento do que se espera (Hb 11,1).

Uma pessoa que tem Deus como seu fundamento se sente livre na presença das pessoas, conseguindo se assumir na frente delas. A espiritualidade também é um caminho para exercitar a autoconfiança, mas precisamos de uma espiritualidade saudável para adquirirmos uma autoconfiança saudável. Uma espiritualidade que gera sentimentos de culpa dentro de nós enfraquece a nossa autoconfiança. Devemos olhar para Jesus, que eleva as pessoas. Se permitirmos que o Espírito de Jesus seja o distintivo de nossa espiritualidade, então ela fortalecerá a nossa autoconfiança; não sentiremos pressão alguma; nascerá em nós uma autoconfiança caracterizada por tranquilidade e liberdade, humildade e humor, e por uma leveza e alegria interiores.

Comentário de Nikolaus Schneider

O rico tesouro de experiências que Anselm Grün acumulou como conselheiro e orientador espiritual fundamenta e anima seu texto sobre o tema autoconfiança – esta é a minha impressão ao ler suas reflexões. O Padre Anselm conhece as múltiplas facetas da autoconfiança humana e, principalmente, da falta dela – não só com base em uma sólida formação teológica, que incluiu também a disciplina Antropologia Teológica. O Padre Anselm consegue demonstrar e conquistar confiança. Assim, ele desenvolve uma proximidade com as pessoas que buscam o seu conselho e que se confiam ao seu acompanhamento espiritual.

Neste acompanhamento de pessoas, sobretudo em suas crises, aquilo que nós como teólogos temos a dizer sobre Deus e o ser humano deve provar o seu valor. Nosso conhecimento e nossas afirmações teológicas devem erguer e fortalecer as pessoas para elas encontrarem caminhos para uma vida boa. Ou como diz o Padre Anselm: para que as pessoas possam entrar em contato com o núcleo único e singular de sua pessoa que Deus lhes concedeu.

Isso é possível quando o conselheiro – como já foi dito acima – permite proximidade, na qual as pessoas se abrem confiantes e tornam possíveis um acompanhamento com realismo amoroso e amor realista; uma proximidade na qual as pessoas se sentem aceitas e compreendidas incondicionalmente, mas que também permite autocrítica e uma visão externa crítica; uma proximidade na qual podem ser revelados temas e comportamentos que, até então, essas pessoas tentaram esconder de si mesmas. Esse é um distintivo da comunhão espiritual que permite proximidade entre conselheiro e aconselhado.

É uma bênção o fato de existirem pessoas e teólogos como o Padre Anselm, que possuem a dádiva de Deus, o carisma, para estabelecerem tal proximidade com pessoas que desejam conquistar uma autoconfiança saudável. Compartilho com ele a experiência de tornar a presença de Deus palpável. Isso é algo que o ser humano não consegue produzir nem controlar. Mas uma entrega cheia de confiança à meditação sobre textos bíblicos abre caminhos para o encontro com a palavra viva de Deus.

Para mim, a proximidade no aconselhamento, que inspira e fortalece a autoconfiança das pessoas, possui – como o Padre Anselm também explica – uma dimensão vertical e uma dimensão horizontal. Trata-se do relacionamento de confiança do ser humano com Deus. Essa é a dimensão vertical, que tem um efeito – é a minha convicção teológica e a minha experiência pessoal – de forma perceptível como uma fonte de energia sobre os relacionamentos horizontais do ser humano consigo mesmo e com o seu próximo.

A autoconfiança humana possui raízes verticais e horizontais, a partir das quais ela pode crescer e se desenvolver. A raiz vertical é aquilo que o Padre Anselm chama de "o verdadeiro si-mesmo" e aquilo que eu considero ser o núcleo da dignidade humana intocável em cada um de nós: a singularidade que Deus atribuiu a cada um de nós. A raiz horizontal é a confiança primordial que o pai e/ou a mãe transmitem ao filho para que uma confiança primordial possa crescer em relação a si mesmo e aos outros. Essa confiança primordial precisa das duas facetas descritas pelo Padre Anselm: de um lado, a convicção de que "Eu sou acolhido, amado e sustentado de forma confiável"; de outro, necessita da experiência: "Eu sou apoiado para que eu possa ousar algo".

Os processos do crescimento e desenvolvimento da autoconfiança humana costumam ser acompanhados e moldados pelo ambiente pessoal de uma criança. E não só a antropologia teológica reflete sobre eles; também são submetidos à análise pelas ciências humanas. Uma troca aberta e sem preconceitos com as ciências humanas é imprescindível para uma teologia que pretende preparar os teólogos e as teólogas para o trabalho de aconselhamento. Elas oferecem conceitos e categorias que permitem categorizar processos complicados para que os conselheiros possam aplicar tradições bíblicas em suas conversas.

O Padre Anselm citou um exemplo esclarecedor, que também já me ajudou em meu trabalho como conselheiro. Estou me referindo à diferenciação entre ego e si-mesmo, desenvolvida por C.G. Jung no contexto de sua sistemática psicológica. A terminologia cunhada por Jung se mostra aberta e útil para uma interpretação teológica. O conceito do si-mesmo, por exemplo, pode ser vinculado a tradições da história bíblica da criação e da antropologia teológica clássica: em Gênesis, o ser humano é compreendido como *imago Dei*; ou seja, como criado segundo a imagem de Deus. Isso significa: em meu si-mesmo como imagem de Deus é preservada a inviolabilidade da minha dignidade. Quando entro em contato com essa imagem de Deus dentro de mim, isso me torna humilde, grato e orgulhoso ao mesmo tempo. Humilde, porque reconheço que não sou Criador e Senhor do universo. Grato, porque o Espírito de Deus se conectou comigo como indivíduo único e singular. Orgulhoso, porque eu, como imagem de Deus, fui capacitado e chamado a ser responsável pela minha vida e por toda a criação de Deus. A humildade, a gratidão e o orgulho, nesta acepção, incentivam o desenvolvimento da minha autoconfiança, a ponto de evitar as deformações de uma autoconfiança carente ou excessiva.

Um ponto muito importante para mim neste contexto é que autoconfiança não significa santimônia. A pessoa que extrai sua autoconfiança de um amor-próprio egocêntrico não é capaz de manter relacionamentos. Sua autoconfiança não servirá como fundamento para a confiança em outras pessoas, mas se tornará um obstáculo. Uma autoconfiança que ultrapassa os limites para a santimônia impede e destrói toda confiança verdadeira em Deus. Pois aquele que basta a si mesmo acaba se deificando e "constrói sobre areia", para usar uma imagem bíblica. Se o fundamento da sua santimônia não foi abalado já na sua juventude por fracassos infelizes e erros culposos, as doenças e as dificuldades da idade farão isso. Em algum momento, o prazo de validade da deificação própria vence.

Por isso, observo esse intenso girar em torno do seu si-mesmo interior de algumas pessoas com certa preocupação. Confiança é uma palavra relacional, e um relacionamento bem-sucedido comigo mesmo não pode existir sem relacionamentos bem-sucedidos com outras pessoas, nem sem um relacionamento bem-sucedido com Deus.

"O ser humano curvado em si mesmo" (*homo incurvatus in se*) é, segundo Martinho Lutero, um símbolo do ser humano pecaminoso (cf. o comentário de Martinho Lutero sobre Rm 5,4). Nessa distorção própria do ser humano, Lutero reconhece a natureza do pecado; ou seja, da separação da palavra e vontade de Deus. Sua distorção impede o ser humano de ter relacionamentos curadores; com Deus, consigo mesmo e com outras pessoas. "O ser humano curvado em si mesmo" é, por isso, um símbolo para uma pessoa que não percebe nem aceita confiança, que não ousa nem quer confiar em outros e que também não consegue desenvolver e viver uma autoconfiança que beneficie a comunhão.

Segundo a primeira narrativa bíblica da criação, Deus, desde o início, criou o ser humano no plural, como homem e mulher (Gn 1,27). Numa pregação sobre essa passagem da narrativa da criação, o teólogo suíço Kurt Marti explicou:

> UM ser humano é NENHUM ser humano. [...] Desde a infância até a idade avançada precisamos de outras pessoas para poder ser, nós mesmos, uma pessoa. Karl Barth disse: "O ser humano sem o próximo não é o ser humano, mas o fantasma do ser humano" (MARTI, K. *Schöpfungsglaube*. Stuttgart, 208, p. 49s.).

Uma pessoa "curvada em si mesma" – ou seja, uma pessoa obsessivamente fixada em seu próprio si-mesmo, em seus próprios interesses, necessidades, percepções e julgamentos – não consegue desenvolver solidariedade e, portanto, tampouco sua própria humanidade. Ela não consegue confiar e, assim, perde todos os relacionamentos de confiança que preenchem a nossa vida terrena com sentido e felicidade.

Por causa do foco do trabalho de aconselhamento, quando falamos em *autoconfiança* logo voltamos nossa atenção para a falta de autoconfiança. Mas existe também o oposto: uma autoconfiança transbordante, que leva à megalomania e à ostentação. Em muitas pessoas, esconde-se por trás disso uma falta de autoconfiança que deve ser encoberta por um comportamento marcado pela fanfarrice. Mas também existem, de fato, pessoas com uma autoconfiança exagerada, o que pode se tornar um fardo ou até mesmo uma ameaça para elas mesmas e para outros. Raramente encontramos esse tipo de deformação da autoconfiança na conversa de aconselhamento. Nas Igrejas, a autoconfiança humana exagerada é percebida mais em discursos e proclamações públicas, para então ser tratada num âmbito igualmente público pelos representantes das nossas Igrejas.

Uma forma muito atual de distorções coletivas da autoconfiança humana ocorre num nacionalismo ou racismo proclamado em alta voz, que propaga a pureza ou até mesmo supremacia da própria nação ou raça. Hoje em dia voltamos a ouvir argumentações genéticas ou biologistas que justificam a elevação própria e a depreciação dos outros. O fato de que tais depreciações podem levar à exclusão, à violência e até mesmo à expulsão – em casos extremos, à privação do direito de viver, ao homicídio e à aniquilação – é uma experiência histórica amarga também na Alemanha. O racismo do nacional-socialismo na Alemanha e nas regiões conquistadas pela *Wehrmacht* custou a vida de milhões.

Por isso, é necessário que as nossas Igrejas se pronunciem pública e decisivamente para conter as vozes de uma autoconfiança coletiva exagerada. Talvez isso encoraje as pessoas a repensarem e reavaliarem suas convicções – dentro e fora das nossas Igrejas. Isso vale para aqueles que se elevam à posição de líderes de movimentos, grupos e partidos racistas e nacionalistas. Sua refutação pública pode fazer com que eles mesmos reavaliem ou até mesmo corrijam suas mensagens. Caso contrário, resta-nos apenas o dever de limitar e conter o êxtase de grandeza e força encenado por esses líderes. Isso também vale para aqueles que seguem esses líderes. Quando uma identificação com uma autoconfiança deformada desse tipo ainda não se solidificou, palavras claras por parte da Igreja e das comunidades religiosas podem efetuar mudanças e correções.

Além do aconselhamento pessoal existe também algo como um aconselhamento público ou político por parte das Igrejas.

Assim como o aconselhamento pessoal, esse aconselhamento mais público contribui para que uma autoconfiança saudável viabilize uma vida boa para o indivíduo, para a sociedade e para o Estado. Mas quando se trata da forma pública de aconselhamento, as Igrejas devem ter um cuidado especial para não passar uma impressão altiva ou moralizadora. O aconselhamento crítico deve começar pelas próprias Igrejas.

A CAPACIDADE DE CONFIAR EM OUTRAS PESSOAS

Anselm Grün

Quando eu era jovem costumava organizar dias de visitação para turmas de escola. No início, eu perguntava: Quais são os temas que interessam a vocês? O que preocupa vocês? Muitas vezes, a resposta era: Confiança na sala de aula. Os alunos e as alunas queriam que houvesse confiança entre eles. Ao mesmo tempo, sofriam com a evidente falta de confiança entre si.

Percebo o mesmo anseio por confiança quando administro cursos para pessoas em posições de liderança ou para funcionários. As pessoas desejam confiança na empresa; querem poder tratar uns aos outros com uma postura de confiança. Os líderes e chefes devem confiar nos funcionários; eles deveriam irradiar confiança. Muitos chefes estabeleceram, como um de seus objetivos, gerar confiança. Muitas vezes, porém, existe uma grande diferença entre desejo e realidade. Muitos dos responsáveis que desejam irradiar confiança irradiam desconfiança. A razão disso é que eles mesmos não se conhecem, que eles mesmos não confiam em si mesmos. Tudo aquilo que não aceitaram em si mesmos é projetado sobre os funcionários.

Confiança no âmbito público

Hoje em dia, confiança é um tema importante na política e na economia. Muitos cidadãos perderam a confiança nos políticos. Eles têm a impressão de que os políticos só estão interessados em seu próprio poder, e não no bem-estar do povo. Algo semelhante vale para as empresas, como, por exemplo, a indústria automobilística alemã ou o setor financeiro. No passado, ambos tiveram uma boa reputação, mas a destruíram por meio de sua conduta equivocada. Assim, também destruíram a confiança em seu modo de fazer negócios. A situação é parecida entre os médicos; antigamente faziam parte da profissão que as pessoas mais confiavam. Mas a mídia passou a revelar atividades reprováveis de uma parte deles, o que prejudicou a fama da categoria. Não quero me juntar ao coro daqueles que dizem não ser possível, nos dias atuais, confiar mais em ninguém. Quero, antes, mostrar maneiras de confiar, apesar de todos os erros que foram revelados ao longo dos anos. Também procuro descobrir as razões pelas quais não confiamos mais em políticos e nas pessoas do setor econômico.

Uma das razões é, a meu ver, as expectativas exageradas relacionadas a todos os que têm algum cargo de responsabilidade no âmbito público. Acreditamos que essas pessoas deveriam ser perfeitas, mas elas têm erros – como nós também. Somente conseguiremos enxergá-las de modo realista se as virmos como um espelho no qual vemos nosso próprio reflexo. Enquanto projetarmos nossas próprias sombras reprimidas sobre eles, nunca poderemos confiar neles.

Outra razão é que, hoje, queremos saber tudo. A mídia faz um trabalho bom e necessário quando revela erros e equívocos. Mas se analisarmos minuciosamente cada pessoa encontraremos nela algo que não é bom. Hoje em dia não permitimos que ninguém cometa erros; aquele que os faz fica desqualificado, perdendo nossa confiança nele. Um descuido, por exemplo, cometido por Annette Schwan há décadas, ao escrever sua tese de doutorado, custou-lhe o cargo de ministra da Educação do governo federal da Alemanha. Todas as coisas boas que ela encaminhou e realizou como ministra perderam todo o seu valor. Não podemos confiar nela porque cometeu um erro há décadas, que ninguém percebeu na época e que, segundo os critérios de então, era considerado irrelevante. O nosso perfeccionismo e a nossa mania de revelar cada erro das pessoas que se encontram no foco do interesse público certamente são responsáveis por estarmos perdendo a nossa confiança na política e na economia. Não quero desculpar ninguém que cometa erros – há erros que devem ser assumidos –, mas sempre devemos ter um senso de equilíbrio. Caso contrário, jamais poderemos confiar em alguém, pois todos temos sombras. O critério decisivo é se essa pessoa cumpre sua tarefa com honestidade e se esforça em corresponder aos seus próprios valores.

Faço palestras para muitas pessoas em posição de liderança. Há quem critique essas pessoas, alegando que a atitude delas é um álibi hipócrita; querem mostrar para fora que dão ouvidos até a um monge católico, mas, na verdade, estão se tornando cada vez mais desumanas na maneira em que tratam seus funcionários. Eu sempre respondo dessa maneira a esse tipo de objeção: Eu só faço palestras para pessoas nas quais acredito que têm vontade de liderar outras de forma saudável; para pessoas que desejam assumir sua responsabilidade por outras. Se eu rejeitar essas pessoas que criticam não conseguirei resultado algum. Ninguém vai mudar se eu xingar; ao contrário, essa pessoa se defenderá e justificará ainda mais. Mas é claro que não sou ingênuo quando faço essas palestras. Conheço as condições que existem em algumas empresas, mas confio que em todos aqueles que participam dessas palestras existe o anseio de ser uma pessoa boa e de liderar os outros de forma positiva.

Essa confiança nas pessoas só é possível porque, acredito, passei a me conhecer melhor. Descobri que não sou perfeito, que também tenho aspectos que gosto de criticar nos outros: girar em torno do sucesso pessoal, buscar reconhecimento e poder. Quando conheço as minhas próprias áreas ameaçadas consigo fortalecer nas pessoas que, devido à sua posição, sempre são ameaçadas, aquela vontade de confiar nos valores que elas têm dentro de si. E um desses valores é a confiança.

Para mim, a confiança não é apenas um valor ético, mas, no fundo, uma tarefa espiritual. São Bento encoraja seus monges a reconhecerem Cristo em cada irmão e em cada irmã. Para alguns, isso soa um tanto irreal. Posso expressar essa imagem da Regra também de outra forma: acredito que cada ser humano é irmão e irmã de Jesus, que em cada um existe uma dignidade divina, que em cada pessoa existe um núcleo bom ou, pelo menos, o anseio de ser uma pessoa boa. Reconhecer Cristo no outro não significa andar por aí com óculos de lentes cor-de-rosa e dizer: Todo mundo é bom e legal. Vejo também os abismos nas pessoas, a tendência de girar somente em torno de seu próprio ego. Ou, em termos religiosos, vejo em cada pessoa também a tendência de pecar, a tendência de perder o sentido da vida positiva. Confiar significa, para mim, enxergar para além do mal e do pecado do ser humano; ver igualmente o fundo da alma, onde todos anseiam pelo bem. O que me ajudou a entender isso foi a declaração do psiquiatra de Munique, Albert Görres. Ele disse: "Ninguém é mau por prazer, mas sempre por desespero". Vejo também na pessoa má o anseio de ser uma pessoa boa. E quando confio nesse anseio, eu a ajudo a confiar no bem que existe dentro de si. Por isso, confiar no outro significa, para mim, não desistir da confiança no ser humano, a despeito de todas as experiências contrárias, mas desenvolver um olhar que consegue atravessar o aparente e superficial e reconhecer no fundo de cada pessoa o seu anseio pelo bem. Essa confiança é capaz de transformar o outro.

Há pessoas que acusam esse tipo de confiança de ser ingênua, afirmando que não é possível confiar em qualquer um, que a ingenuidade recusa a reconhecer os aspectos maus e destrutivos no outro; que ela anda pelo mundo com óculos cor-de-rosa. Mas essa postura não leva à solução. Faz-se necessário olhar e analisar com cuidado quando atividades criminosas se propagam em nossa sociedade. E, especialmente na vida profissional, devemos sempre tentar perceber se o outro está sendo sincero. Não devemos simplesmente confiar nas palavras do nosso interlocutor, mas prestarmos atenção ao nosso próprio instinto: Essa pessoa me passa uma sensação boa na conversa? Posso confiar nela? A nossa alma possui um instinto que nos diz em que podemos e em quem não podemos confiar. Aqui, a espiritualidade também exerce um papel importante. Os antigos monges exigiam que um monge amadurecido tivesse conhecimento do coração. Os gregos chamavam isso de *cardiognosia*; só podemos confiar no outro de modo realista se tivermos sondado o nosso próprio coração. Para os monges, porém, a *cardiognosia* também é dádiva do Espírito Santo. Ela se manifesta no fato de que o monge observa minuciosamente a pessoa com quem está lidando; em seus movimentos, em sua voz e na maneira em que fala, o monge reconhece o que está no coração dessa pessoa. Confiança significa justamente prestar muita atenção no espírito que move o outro e que fala através dele; eu reconheço em sua linguagem qual espírito o domina. A Bíblia diz corretamente:

Tua fala te denuncia (Mt 26,73).

O texto grego diz literalmente: teu modo de falar te revela. Ou: teu modo de falar revela o que está dentro de ti. Ela esclarece quem tu és.

Confiança significa, portanto, ver a pessoa de forma realista, significa reconhecer suas intenções egoístas, sua propensão à mentira, mas também seu anseio de entrar num relacionamento saudável, seu anseio de ser uma pessoa boa. E quando, a despeito de ter conhecimento dos abismos da alma humana, confio no anseio pelo bem, posso despertar o bem no outro. Não estou sendo irrealista; não sou ingênuo a ponto de permitir que o outro me engane. Estou atento também aos toques de alarme da minha alma, que me aconselham a estar atento em determinada situação, não confiando nas palavras do outro.

Confiança no âmbito pessoal

Frequentemente ouço este lamento: Não posso confiar nos outros. São palavras de pessoas desconfiadas, que muitas vezes foram decepcionadas. Confiaram no pai, e ele abandonou a família. Quando jovem, uma mulher confiou em seu namorado, acreditava que era seu grande amor. Mas então ele a largou e voltou sua atenção para outra moça. Hoje, essa mulher não consegue mais confiar em outra pessoa; ela afirma que pode se decepcionar novamente. Entendo bem essa mulher, pois ela não tem qualquer garantia de que o próximo relacionamento será bem-sucedido. Sua confiança poderá ser traída novamente. Mas se fechar totalmente por causa disso e recusar qualquer relacionamento novo também não é uma solução. Muitas vezes, essas pessoas estão divididas; elas anseiam por uma amizade, mas assim que um amigo ou uma amiga se aproximam, elas fogem ou se fecham, o que as deixa novamente desconfortáveis.

Hoje falamos do medo do compromisso que muitos jovens têm; eles anseiam por um relacionamento, mas assim que o outro se aproxima um pouco mais, eles se fecham; têm medo da intimidade. Muitas vezes, o medo do compromisso tem sua causa em relacionamentos confusos da infância, em decepções sofridas por parte dos pais ou irmãos ou também amigos na infância e que se retiraram da sua vida. Mas esse medo tem ainda outra causa; muitos têm medo de que o namorado ou a namorada possa descobrir tudo que eles tinham escondido. O que eles temem, no fundo, é sua própria verdade. Pensam: se o outro realmente me conhecer do jeito que sou, com minhas peculiaridades estranhas, com meus problemas psíquicos, ele me rejeitará. Não confiam que o outro possa aceitá-las do jeito que são. Sempre fingem ser outra pessoa, mas temem que o outro conheça sua pessoa real. No fim das contas, a falta de confiança se deve à falta de autoconfiança. A pessoa não consegue aceitar a si mesma. Assim, ela teme que os outros também não a aceitem quando a conhecerem melhor.

Por sua vez, há aqueles que têm medo de perder a sua liberdade caso se comprometam com outra pessoa. No entanto, muitas vezes, eles entendem liberdade somente como a possibilidade de fazer o que querem. Um relacionamento baseado em confiança sempre exige que um assuma responsabilidade pelo outro, a disposição de se envolver e de renunciar às próprias necessidades. O medo do compromisso é, no fundo, um medo de limites. Mas, sem passarmos pelo caminho estreito jamais alcançaremos a vastidão. Sempre permaneceremos presos diante da passagem estreita e nunca vivenciaremos a vastidão que se abre do outro lado dessa passagem.

40

Outra causa do medo do compromisso são as grandes expectativas que temos do outro, fazendo nosso amor-próprio depender do amor do outro. Assim, não conseguindo viver sozinhos, teremos medo de uma possível separação. Nós precisamos ser firmes em nós mesmos; assim, poderemos nos abrir ao outro.

Essa disposição de nos envolvermos com o outro é sempre um risco, mas o que está em jogo não é tudo ou nada. Quando nos envolvemos com outra pessoa passamos a perceber em nós se há aumento de confiança e se esse homem ou essa mulher é confiável. Quando, no início de uma amizade, já surgem muitos problemas, podemos ceder à nossa desconfiança e nos retirarmos. Também devemos confiar em nosso instinto e permitir a nós mesmos que essa amizade possa chegar ao fim. Só conseguiremos nos entregar aos nossos relacionamentos se fizermos isso.

Mas também na amizade sempre devemos ter em vista os dois polos: ter confiança em nós mesmos, acreditando em nossos sentimentos e respeitando nossas experiências; também devemos nos colocar na situação do outro

Outro exercício é imaginar como seria passar a vida com aquela pessoa. Se isso nos causar medo, devemos encarar o fato. O medo pode ser um sinal de que devemos nos separar ou ele aponta para expectativas exageradas em relação à amizade? Nós aprendemos com cada relacionamento, e não podemos esperar até que encontremos um relacionamento perfeito; é provável que isso nunca aconteça. É imperativo despedirmos do nosso perfeccionismo e pararmos de pensar na categoria "tudo ou nada". Assim, a confiança poderá crescer e nos sustentar no futuro.

Uma das razões que nos levam à dificuldade de confiar num amigo ou numa amiga é a nossa carência. Cada um de nós deseja um relacionamento bom, mas quando esse desejo é grandioso demais, ficamos cegos em relação ao outro, girando ao redor de minha carência e necessitando desesperadamente do amor dele. Nossa carência nos leva a ignorar aqueles aspectos no outro que, de olhos abertos, jamais aceitaríamos.

Frequentemente observo como mulheres se envolvem com homens que têm, por exemplo, o vício do álcool. Por acreditarem que precisam desesperadamente do amor de determinado homem, elas ignoram o seu consumo desmedido de álcool. Ou elas pensam: Sim, ele tem um problema com bebidas. Mas eu o curarei com meu amor. A intenção é boa, mas, muitas vezes, é uma ilusão que, mais cedo ou mais tarde, leva ao fracasso do relacionamento.

Por isso, se alguém quiser confiar no namorado ou na namorada precisa conhecer suas próprias necessidades, encarando-as honestamente. E deve estar livre. É bom viver um relacionamento, mas ele não é necessário para poder viver. Não podemos estar dispostos a pagar qualquer preço só para não estarmos sozinhos. Quando nos sentimos bem vivendo sozinhos o relacionamento com outra pessoa pode funcionar. Um relacionamento saudável baseado em confiança só pode crescer num clima de liberdade interior e de confiança na vida.

Confiança depois de uma traição

Nos aconselhamentos ouço com frequência relatos sobre traições no casamento ou relacionamento. A esposa confiou no marido e descobriu que ele tinha uma namorada. Um marido contou à esposa que ele preza muito uma colega e sente que se apaixonou por ela. Uma esposa disse ao marido que ela conheceu um homem que a tocou profundamente. Nem sempre se trata de uma relação sexual; muitas vezes é uma relação profunda no nível da alma.

Muitos cônjuges são lançados numa crise quando isso acontece. Alguns se dispõem a entender o outro; não o acusam, mas conversam com ele, tentando entender o que o levou a isso e dialogando com ele sobre o que falta no relacionamento. Outros ficam profundamente feridos e perdem totalmente a confiança no parceiro. Eu não tenho conselho-padrão para essas situações. O que faço é ouvir e encorajar a pessoa a perceber seus próprios sentimentos e a levá-los a sério.

Conheço casais nos quais a traição foi relatada, e muitas vezes a confiança restaurada. Mas para que a confiança possa voltar a reinar depois de uma traição duas coisas são necessárias.

Em primeiro lugar, o parceiro que destruiu a confiança deve se conscientizar da dor que causou no outro; ele realmente precisa se arrepender, pedir perdão pelos ferimentos que ocasionou. Há casos em que o parceiro admite seu erro mas o minimiza ao mesmo tempo. Quando isso ocorre, a outra parte não pode voltar a confiar nele. Ambos devem examinar a própria responsabilidade: um naquilo que causou e o outro examinar o que não estava indo bem no relacionamento. Ambos devem se perguntar honestamente: O que tenho ignorado em mim até agora? Pensei que era um parceiro fiel. Evidentemente, porém, também existem em meu interior aspectos que eu não conhecia, e sinto desconfiança em relação a mim mesmo. Analisando profundamente o fato poderá se perguntar: O que posso fazer para que isso não volte a acontecer? Como posso devolver a segurança ao meu cônjuge para que ele possa voltar a confiar em mim? A outra parte deveria se perguntar: O que tenho ignorado em mim e no meu relacionamento? Pensei que nosso relacionamento fosse maravilhoso, mas ignorei como o meu cônjuge realmente se sente. Também não dei atenção suficiente aos seus sentimentos.

Em segundo lugar, aquele que foi ferido deve se conscientizar de que ainda não conhece totalmente o outro. Agora descobriu um lado nele que não tinha considerado como possibilidade; porém, isso não significa que a partir de agora deva considerá-lo unicamente como traidor ou adúltero, mas reconhecer e aceitar os dois lados que percebe nele. E a despeito de toda mágoa e dor, que ele não pode ignorar, deve se perguntar se o que viveu com a outra pessoa tem mais peso do que o seu erro. Precisa se autoexaminar: Eu acredito em sua promessa de me amar e de continuar o relacionamento de forma positiva e saudável? Eu confio nele? Ou ainda existe uma profunda desconfiança dentro de mim? Caso perceba a existência dessa desconfiança é salutar falar sobre ela com a pessoa envolvida. Talvez ela tenha necessidade de produzir provas de sua fidelidade e honestidade.

Porém, os efeitos da traição podem ser tão profundos que a confiança não pode ser restaurada, restando somente a separação, e não cabe a mim julgar o fato. Também pode ocorrer que os casais permaneçam formados, mas com um convívio não pautado pela confiança, mas por acusações mútuas. Surgindo oportunidade, o fato vem à baila: "Naquela vez você me feriu e decepcionou muito. Não posso confiar em você". A parte traída obriga a outra a fazer penitência pelo resto da vida. Mas isso deixou de ser um relacionamento verdadeiro, mas sim domínio de um sobre o outro. Também é possível que ocorra o contrário: aquele que traiu não assume a própria verdade e a dor causada no outro, passando a ver nele erros e aspectos desagradáveis, justificando assim aquele seu comportamento de traição. Ambos precisam se submeter a uma autoanálise sincera para que uma nova confiança possa crescer.

A condição para que a confiança volte a reinar é perdoar a outra parte, mas também a si mesmo por determinados comportamentos; o perdão ao outro e a si próprio é *conditio sine qua non* para que um novo clima de confiança possa surgir. No entanto, é preciso fazer distinção entre perdão e confiança; ambos não podem ser confundidos. Mesmo que haja separação do casal, é importante que a parte traída tenha um gesto de perdão; caso contrário, ela permanecerá internamente presa à outra pessoa. Perdoar significa devolver o comportamento ao outro, deixando de girar em torno daquilo que aconteceu.

Perdão também pode significar a interrupção de contato com a pessoa traidora porque sua proximidade fere constantemente quem foi traído. Muitas vezes, descobrir o melhor caminho para determinado casal exige terapia de casais ou aconselhamento espiritual. Tanto num como no outro caso, o objetivo é analisar específica e honestamente a realidade para se buscar caminhos que conduzam os dois a uma melhor qualidade de vida.

Traição não existe somente no relacionamento amoroso. A título de exemplo cito dois sócios que sempre trabalharam em harmonia, dirigindo juntos sua empresa. De repente, um dos dois percebe que o outro desviou dinheiro ou trabalhou contra ele.

Nos seminários de liderança, peço que os participantes abençoem a pessoa que os magoou ou feriu. Colocando-nos de pé e levantando nossos braços para abençoar, imaginamos a bênção de Deus fluindo pelos nossos braços até a pessoa que nos feriu. Nesse exercício, uma mulher abençoou seu sócio, mas começou a passar mal; isso era um sinal de que ela precisava se separar dele. Assim, a bênção não é um remédio universal para curar toda e qualquer traição, mas ela indica o caminho mais apropriado a ser seguido, e o melhor pode ser a dissolução da sociedade, fazendo surgir um novo clima de confiança dentro da empresa.

Uma empreendedora me contou que ela tinha confiado algo muito pessoal ao seu chefe, uma fraqueza sua. Mas ele espalhou o fato a toda a empresa, configurando uma evidente quebra de confiança. Diante desse fato surge a pergunta: Como reagir? Evidentemente, torna-se difícil voltar a confiar nesse chefe; alguém que divulga a todos algo que lhe é contado confidencialmente não merece confiança. Surpreendentemente, aquela empreendedora se irritou consigo mesma, não conseguindo se perdoar por ter sido tão aberta e levando-a a perder a confiança nela mesma. Expliquei-lhe que seu chefe havia se desqualificado e que todos os funcionários sensatos certamente se distanciariam dele. Logicamente, era desagradável saber que os funcionários conheciam as fraquezas dela. Porém, se ela assumisse suas fraquezas, permitindo tê-las, mesmo sendo empreendedora, não precisaria cultivar medo daquilo que os outros poderiam pensar ou falar a respeito dela. Ela precisaria confiar que aqueles funcionários a aceitariam do jeito que era, e até mesmo suas fraquezas poderiam torná-la mais popular entre eles. Não havia necessidade de sempre se apresentar como pessoa forte e bem-sucedida, mas podia ser uma pessoa que, como todos os outros, também tinha fraquezas.

Semelhantemente, o que ocorreu no âmbito profissional pode surgir nos relacionamentos sociais. Um amigo, uma amiga ou um conhecido espalha o que nós confiamos a ele. Isso é uma quebra de confiança. Às vezes, o resultado disso é o famoso "não conto mais nada a ninguém". Também aqui o que está em jogo não é tudo ou nada, mas destaca a importância de se tornar mais cauteloso; perceber dentro de si quando algo pode ser dito ou quando é melhor ficar calado. Igualmente prestar atenção como o interlocutor fala sobre os outros. Quando ele fala constantemente sobre a vida dos outros é melhor não comentar nada com ele. Pois essa sua atitude revela que, muito provavelmente, espalhará também o que lhe for dito. Só podemos confiar no outro se formos fiéis à nossa intuição; ela nos diz quando podemos nos abrir ou nos proteger. Trabalhei com jovens durante muitos anos. Naquele tempo, uma jovem, que participava frequentemente dos nossos cursos, contou-me que ela estava com leucemia, e que isso poderia levá-la à morte. Eu me preocupei muito com aquela jovem e disse aos outros jovens que eles deveriam tratá-la com cuidado e carinho. Um ano depois, ela me confessou que só tinha fingido estar doente para receber a minha atenção. A princípio, fiquei chocado, é claro; mas não senti raiva alguma dentro de mim, só surpresa: o que tinha acontecido dentro dessa jovem para ela sentir a necessidade de fingir uma doença durante um ano? Qual era a necessidade que se escondia por trás disso? Então tentei entender o que pode levar uma pessoa a abusar da confiança de outra. Isso não me transformou numa pessoa desconfiada. Eu disse a mim mesmo: prefiro permitir que alguém abuse da minha confiança do que assumir uma postura de constante desconfiança, e me senti alegre quando constatei que aquela mulher havia decidido seguir um caminho melhor.

Às vezes também ouço histórias de amigas que se conhecem há muito tempo e que percorreram um longo caminho juntas. Mas, de repente, o relacionamento emperra. Uma das amigas acha que a outra só exige e critica, e assim, a confiança que persistiu por tanto tempo desaparece; a outra se sente incompreendida, recusando-se a uma conversa franca. O fim de uma amizade tão íntima dói. Primeiramente é importante ouvir cautelosamente o que levou a essa situação. Às vezes, uma das mulheres cedeu demais na amizade e não deu atenção suficiente aos próprios sentimentos, ou o desejo de ter uma amiga era tão grande que ela ignorou as sombras da outra. Também é possível que uma delas seguiu direção oposta. Talvez tenha ingressado num grupo religioso que a controla muito ou tenha se metido num círculo de amizade que defende opiniões absolutas. Nessa situação, é melhor não encerrar a amizade de imediato, mas ouvir bem o que cada uma sente em seu interior. Eu aceito ter que me justificar o tempo todo, ou é melhor provocar uma separação clara? Eu tenho a esperança de que as coisas boas que tivemos voltem a florescer, que a amiga está simplesmente passando por uma crise passageira? De forma alguma se deveria tentar manter a amizade a qualquer preço. Nem sempre uma quebra de confiança pode ser revertida. É preciso fazer uma avaliação realista daquilo que funciona para si mesmo.

Hoje em dia, as pessoas anseiam por confiança, e não raro por pessoas que detêm cargos de responsabilidade na sociedade: políticos, empresários, jornalistas, bispos, padres... A decepção que percebemos frequentemente nas mídias mostra como é profundo esse anseio por confiança nas instituições e seus representantes, e como dói quando esse anseio não é satisfeito. Os numerosos casos de abuso que ultimamente foram revelados nas Igreja abalaram profundamente a confiança nela e em seus representantes. É preciso muito trabalho de esclarecimento e acompanhamento para gerar uma confiança nova.

As pessoas têm o anseio de confiar e de vivenciar confiança no círculo mais íntimo: no casamento, na amizade, nos relacionamentos com colegas de trabalho ou vizinhos. Ao mesmo tempo, percebem como é difícil confiar verdadeiramente sem serem ingênuas. Essas pessoas precisam ser encorajadas a confiar sempre de novo, a despeito de todas as decepções.

Muitas vezes, as razões da incapacidade de confiar são de natureza psíquica; tais pessoas podem se encontrar estacionadas em experiências da infância, tendo ideias irrealistas sobre a confiança. Mas não devemos olhar apenas para o passado, mas apontar caminhos para aprender a confiar. Para isso existe a ajuda psicológica. Mas para mim, como conselheiro, a espiritualidade é um caminho importante para aprender a confiar no outro. Há, em primeiro lugar, o exemplo de Cristo, que confiou nas pessoas. Quando imagino como Ele confiou em Zaqueu, que todos já tinham rotulado como pecador, cresce também em mim a coragem de confiar em outras pessoas. Lucas diz que Jesus levantou o olhar para Zaqueu (Lc 19,5). O texto grego usa a palavra *anablepo*, que significa "olhar para o céu, olhar para Deus". Essa é uma imagem linda: Jesus não passa um sermão no chefe ganancioso dos coletores de impostos, mas levanta seu olhar para ele, vendo naquele pecador seu âmbito celestial. E esse olhar repleto de confiança transforma Zaqueu. A partir de então ele não precisa mais de tanto dinheiro para compensar seus complexos de inferioridade, devolvendo a metade de seus bens aos pobres.

A confiança cresce em mim quando medito sobre as histórias bíblicas, quando as imagino para que se tornem uma imagem interior para o meu comportamento. Não posso me obrigar a confiar, isso não funciona. Mas confio que a conduta de Jesus se inscreva de tal forma em mim, que eu passe a confiar nas pessoas de dentro para fora, que a confiança em mim fique cada vez mais forte e que ela transforme as pessoas que, como Zaqueu, desistiram de si mesmas.

Comentário de Nikolaus Schneider

"Para mim, a confiança não é apenas um valor ético, mas, no fundo, uma tarefa espiritual"; estas são palavras do Padre Anselm em suas reflexões sobre a capacidade humana de confiar em outros. Classifico-as como uma afirmação muito importante. Para

Jesus, o amor a Deus, o amor ao próximo e o amor-próprio estão inseparavelmente interligados. Para mim, o chamado mandamento duplo do amor, que, na verdade, é um mandamento triplo, pode ser aplicado à confiança como exercício espiritual:

> Confiarás no Senhor teu Deus de todo o coração, com toda a alma e com toda a mente. E confiarás no próximo como em ti mesmo (cf. Mt 22,37ss.).

Minha autoconfiança e minha capacidade de confiar em outras pessoas se encontram numa dependência indissolúvel e recíproca com a minha confiança em Deus. E confiança em Deus – outra possível definição de *fé*! – tem, para mim, a seguinte conotação: confio que o Espírito de Deus inspire meu espírito a ousar a confiar sempre de novo, também e principalmente quando minha confiança foi traída. Ou também quando sou obrigado a reconhecer que eu traí a confiança de outras pessoas em mim. Tudo isso não é fácil. O Padre Anselm exemplifica isso com exemplos impressionantes e constata: "A condição para que a confiança volte a reinar é perdoar a outra parte, mas também a si mesmo por determinados comportamentos".

Avalio que o perdão é um impulso muito importante em relação à capacidade de confiar em outros, e isso é imprescindível para uma confiança duradoura e resistente. O perdão é, portanto, um dos sustentáculos fundamentais para relacionamentos bem-sucedidos e curadores em nossos círculos de família, de amizade e no nosso âmbito profissional. Como a confiança, o perdão também é uma tarefa espiritual. Jesus nos garantiu que Deus nos contempla com olhos amorosos, que Ele não nos define a partir dos nossos erros, do nosso fracasso e da nossa culpa. Não definir, porém, não deve ser confundido com ignorar, encobrir, reprimir ou minimizar; por vezes o Espírito de Deus nos confronta com autodescobertas dolorosas, com algo que poderíamos chamar de autoesclarecimento. Reconhecer o próprio comportamento equivocado e a própria necessidade de perdão faz parte disso. Esse autoconheci-mento não destrói nem impede uma autoconfiança saudável nem a nossa capacidade de perdoar e confiar em outros; ao contrário: esse conhecimento fortalece a nossa força para perdoar e confiar.

Os processos da formação de confiança não podem ser to-talmente explicados com conhecimento teológico e psicológico. Nunca deixam de ser graça e dádiva, que estão além do nosso controle. Mas, ao mesmo tempo, nunca deixam de ser uma tarefa espiritual vitalícia que, por amor a Deus, aos próximos e a nós mes-mos, devemos encarar.

"A confiança cresce em mim quando medito sobre as histórias bíblicas", escreve o Padre Anselm. Quando eu luto com as armas espirituais do perdão e da confiança, eu também encontro ajuda nas histórias bíblicas cheias de sabedoria de vida e experiências com Deus; por exemplo, na antiga narrativa dos dois irmãos, Jacó e Esaú: de forma astuta e traiçoeira, Jacó tinha adquirido o di-reito e a bênção do primogênito, traindo, assim, a confiança de seu pai e de seu irmão. Quando, após anos de fuga e separação, ele atravessa o Rio Jaboc para ir se reencontrar com Esaú, ele se depara, de certa forma, no marco divisionário de águas da sua vida. Ele quer se livrar da culpa e da inimizade em relação ao seu irmão e busca perdão, reconciliação e nova confiança. A nova confiança de Esaú em Jacó exige que este se torne uma outra pessoa; em ter-minologia cristã, diríamos que Jacó faça penitência. Jacó deve su-perar sua esperteza astuta e a arrogância orgulhosa para receber perdão e nova confiança de uma pessoa ferida por ele. A narrativa bíblica conta como Jacó se reencontra com seu irmão como um homem diferente, como um homem marcado por arrependimento, e não por arrogância; que consegue se humilhar e pedir perdão com palavras e gestos (cf. Gn 32–33). Segundo a história bíblica, Jacó se torna um homem diferente por meio de seu encontro com Deus, quando luta com Ele e recebe a sua bênção. Essa transformação de Jacó se evidencia também fisicamente: durante sua luta com

Deus, ele é ferido na coxa. Jacó, até então seguro de si e bem-sucedido, passa a ser um deficiente. Ele não consegue mais andar e se apresentar com passos seguros e orgulhosos, mas é obrigado a mancar ao encontro do seu irmão.

Essa antiga narrativa bíblica me conscientiza de que, no encontro com Deus, as pessoas são transformadas; às vezes, de forma dolorosa. Elas adquirem um autoconhecimento transformador de sua própria imperfeição, de seus erros e de sua culpa. No encontro com Deus, a arrogância do ser humano morre e nasce sua humildade. As pessoas são levadas a pedirem perdão e, assim, a abrirem o caminho para uma nova confiança. Existe uma passagem nessa história de Jacó e Esaú que me comove de modo especialmente profundo: Jacó havia enviado a Esaú muitas cabeças de gado como presente de reconciliação. Esaú lhe diz:

> "Já tenho bastante, meu irmão. Fica com o que é teu".
> "Oh, não!", respondeu Jacó. "Se alcancei teu favor, então aceita de minha mão o presente, pois vim à tua presença como se vai à presença de Deus, e tu me acolheste favoravelmente" (Gn 33,9s.).

Reconhecer o rosto de Deus no rosto dos nossos irmãos e das nossas irmãs parece ser uma antecipação da conduta de Jesus. Também é uma antecipação da Regra de São Bento, citada por Padre Anselm: "acredito que cada ser humano é irmão e irmã de Jesus, que em cada um existe uma dignidade divina, que em cada pessoa existe um núcleo bom ou, pelo menos, o anseio de ser uma pessoa boa". Eu também quero acreditar e confiar nisso, mas no mundo concreto tenho dificuldades. Principalmente quando penso em pessoas que abusam de crianças, que estupram mulheres, que buscam satisfação e prazer na tortura de outros. "Nunca se esqueça de que tolerância se transforma em crime quando ela é aplicada ao mal", assim instrui o humanista Settembrini a seu interlocutor Hans Castorp no romance *A montanha mágica*, de Thomas Mann.

Acredito que isso vale também para a confiança. A nossa confiança em outros também pode se transformar "em crime quando é aplicada ao mal". Minha disposição de confiar em outras pessoas alcança seu limite quando essas pessoas conscientemente ferem e desrespeitam a dignidade, a liberdade e a vida de outras. A confiança como uma força vital curadora não deve suspender a razão. Quando confio em alguém, eu não lhe ofereço automaticamente meu consentimento a tudo o que ele diz e faz; confiança não significa desistir de um acompanhamento crítico e da responsabilidade própria. Sempre devemos estar cientes de que o pensar, o falar e o agir das pessoas sempre são orientados por interesses, sempre são fragmentários e falíveis. E o Padre Anselm também expressa a minha convicção em termos religiosos: "Vejo em cada pessoa também a tendência de pecar, a tendência de perder o sentido da vida positiva". Isso igualmente vale para pessoas com as quais temos vínculos de amor e confiança, ou para pessoas públicas e tomadoras de decisões, nas quais, por motivos racionais, queremos confiar (pois é somente assim que essas instituições podem ser uma bênção!), seja em nossas Igrejas, na política ou na mídia. E, naturalmente, isso vale principalmente para nós mesmos.

Uma confiança cega e acrítica em relação ao pensar, falar e agir das pessoas é, muitas vezes, ingênua, às vezes cômoda e normalmente irresponsável. Frequentemente, uma ingenuidade cega – ou seja, a suspensão da nossa razão quando decidimos confiar em alguém – é a causa de crises de confiança. Devemos nos conscientizar disso quando depositamos nossa confiança em pessoas públicas e lhes oferecemos nossa admiração e nosso entusiasmo acrítico e irrefletido. E depois, quando sua fala e suas ações nos decepcionam, lamentamos de forma igualmente acrítica e irrefletida a crise de confiança, e seguindo nessa mesma conduta, debochamos de suas fraquezas e de seus erros sem qualquer misericórdia.

Gostamos de fazer isso especialmente em tempos politicamente incertos, impulsionados pelo alvoroço midiático. – Lembro-me aqui do apoio irrestrito dado a Martin Schulz, quando a conferência do Partido Social-democrata o nomeou como candidato a chanceler da República Federal da Alemanha. Lentes cor-de-rosa não ajudam a ter uma confiança duradora; uma ingenuidade irrefletida rapidamente se transforma em desprezo humano implacável.

A confiança faz parte dos fundamentos de uma boa vida para cada ser humano. Isso não vale apenas para a existência do indivíduo, mas também para a existência de comunidades sociais. "A confiança é o começo de tudo" – assim dizia um anúncio de um grande banco. Depois da crise bancária esse lema absolutamente correto desapareceu dos *outdoors* daquele banco. Este pequeno exemplo é um sinal de que a confiança como base do convívio em nossa sociedade ainda é um tema de importância extraordinária.

Quando penso nas mídia vem-me à mente o grito beligerante das "mídias de mentira", que pretendem destruir a nossa confiança no trabalho sério da mídia. A nossa capacidade de confiar que os jornalistas relatam a verdade após a verificação das informações por terceiros é uma precondição de qualquer discurso público na sociedade. Somente assim podemos cultivar uma comunicação que transcende a confirmação da nossa opinião pelos nossos partidários e que acredita que a troca aberta de informações com outros leva a resultados mais produtivos do que a permanência no mundinho dos nossos próprios pensamentos. A precondição para essa postura aberta é a confiança de que podemos encontrar verdade também naqueles que defendem outras opiniões e que as nossas ideias podem ser falíveis, podendo ser corrigidas e fortalecidas pelo conhecimento dos outros; ou seja, as minhas ideias dependem de informações adicionais fornecidas por outros. A precondição disso é a certeza de que a minha limitação não é uma mácula, mas uma expressão da minha natureza humana.

A destruição intencional da confiança na comunicação pública, no jornalismo e nas pessoas que representam a nossa ordem estatal faz com que os processos de interação política com respeito diante de opiniões e avaliações divergentes se tornem impossíveis. Assim, a nossa sociedade democrática é minada, solapada e destruída. Teorias da conspiração substituem a briga política e os debates sobre avaliações apropriadas dos fatos. Quando isso acontece, o que importa é *quem* diz algo e não *o que* é dito. Se o locutor pertence à minha *bolha*, sua afirmação é verdadeira; se ele pertence ao lado adversário, tudo o que ele diz é mentira. Essa destruição da comunicação pública tem consequências fatais; ela resulta em exclusão, marginalização e em violência. Falas incendiárias geram incêndios, casas são incendiadas e pessoas morrem.

Como cristãos, sabemos que nós e o nosso próximo somos aceitos e amados por Deus; cada um de nós com sua individualidade e singularidade e, ao mesmo tempo, com falhas, inadequações, erros e fraquezas, fracassos e culpas. Essa certeza fortalece a capacidade de permanecermos fiéis às nossas convicções religiosas e éticas e de relativizá-las com humildade. Tal convicção fortalece a nossa capacidade de respeitar o alheio e de ousar uma confiança antecipada diante daquilo que nos é estranho. Assim, nós nos tornamos capazes de defender nossas posturas, nossas decisões e nossas convicções no discurso público com argumentos que respeitam o outro.

Infelizmente, o reconhecimento da verdade absoluta de Deus e de verdades absolutas na terra não faz parte da nossa constituição humana. Pretensões humanas absolutas, sejam elas de natureza teológica ou secular, destroem nossa capacidade de confiar em outras pessoas e sempre resultam em opressão à liberdade e aos direitos de outros seres humanos.

CONFIANÇA SÓLIDA EM DEUS

Nikolaus Schneider

Em encontros e relacionamentos cheios de confiança da nossa vida terrena, Deus constrói já no aqui e agora a sua morada no nosso meio. Neles ocorre, nas palavras da tradição judaica, a *schechina*, a habitação e presença de Deus entre os seres humanos (cf., p. ex., BUBER, M. *Der Weg des Menschen nach der chassidischen Lehre*. Gütersloh, 2001, p. 38-43).

Encontramos essa sabedoria do filósofo judeu Martin Buber também na fala e nas ações do Jesus Cristo retratado nos evangelhos: Jesus de Nazaré, que a fé cristã identifica com Deus, proclama, através de sua vida, morte e ressurreição, um entendimento de Deus que percebe a sua presença já agora, na nossa realidade terrena. Esse filósofo se referia aos encontros diretos com Ele, que podem acontecer em todos os momentos: por meio do Espírito de Deus, ouvindo a sua palavra na Bíblia e por meio da pregação, das experiências sacramentais, experiências espirituais e de encontros com outras pessoas. Mas o que nos encoraja e capacita para encontros e relacionamentos cheios de confiança? O que é capaz de abrir o sentimento e o pensamento dos seres humanos para a presença de Deus? E o que capacita os seres humanos a confiarem no amor e na presença de Deus, a despeito de tudo aquilo que nos decepciona, assusta e abala? Estas são perguntas que nenhum ser humano e nenhuma ciência – nem mesmo os teólogos e teologia cristã – podem responder totalmente. São perguntas que a nossa biografia e a história da vida levantam sempre de novo. E nossas respostas precisam se renovar e mudar para que elas possam nos sustentar e fortalecer.

Mudança e renovação

A confiança – e principalmente a confiança em Deus – só pode ser uma força vital eficaz e resistente em nossa vida se ela encarar mudança e renovação, fazendo das duas uma só, pois a imutabilidade não é uma qualidade da vida. Esta muda e se transforma, fugindo das definições atemporais e determinações independentes das situações da vida. Nossa confiança como força vital é vulnerável e pode ser destruída. Mas, como galhos que brotam de raízes aparentemente mortas, uma confiança sem força também pode ser regenerada e uma confiança traída pode se recuperar. Já que a confiança é um evento relacional vivo, a imutabilidade não pode ser uma qualidade da confiança, nem em relação a nós mesmos nem em relação a outras pessoas e a Deus.

A nossa confiança em Deus se apoia em imagens e representações dele, importantes, significativas e imprescindíveis para a nossa fé. E nessa necessidade é que vejo um dilema: o ser humano precisa de imagens e representações de Deus para poder confiar nele, mas somos forçados a vivenciar e sofrer constantemente a inadequação e imperfeição de todas as imagens e representações de Deus – inclusive as da Bíblia.

Confiamos na afirmação bíblica de que fomos criados à imagem de Deus. Isso nos permite perceber o Espírito e a presença de Deus na nossa realidade bíblica. Mas essa percepção se mistura com nossas preconcepções e nossas imaginações, com nossas experiências concretas e com nossos interesses. Por isso, em todas as fases da vida, nossa confiança em Deus sempre representa um risco que jamais pode ser eliminado totalmente, em vista das nossas imagens de Deus que fundamentam a nossa fé.

Eu me identifico bastante com a descrição que, após oitenta anos de experiência de vida, Fulbert Steffensky oferece em seu livro *Heimathöhle Religion – Ein Gastrecht für widersprüchliche Gedanken* [A caverna-lar da religião – Um direito a pensamentos contraditórios]:

> Quanto mais avanço em idade, mais me assusto diante do mistério de Deus e diante de sua escuridão. As imagens de Deus são destruídas e a fé precisa ressuscitar diariamente do túmulo da incredulidade. Talvez o caminho da fé seja um caminho pavimentado com imagens de Deus destruídas (STEFFENSKY, F. *Heimathöhle Religion – Ein Gastrecht für widersprüchliche Gedanken*. Stuttgart, 2015, p. 154).

Se quisermos que a nossa confiança em Deus seja uma força vital resistente, ela não pode se apegar a imagens de Deus fixas e imutáveis – já a Torá proíbe esse tipo de imagens estáticas de Deus. Devemos ter o cuidado para não confundir as imagens concretas de Deus, que conhecemos e aprendemos a amar ao longo da vida, com o próprio Deus. Cada retrospectiva realista e autocrítica que faz uma avaliação das representações de Deus na nossa infância e juventude nos faz perceber a relatividade, unilateralidade e contrariedade das imagens concretas de Deus. E cada análise realista das guerras, da violência e da miséria dos fugitivos, da corrupção, da destruição da biosfera, das catástrofes climáticas e da exploração, das ameaças e dos questionamentos das condições democráticas nos leva a dúvidas e até ao desespero em relação às imagens bíblicas de Deus, do *Deus amoroso* e do *Deus onipresente*.

A busca existencial de Deus à beira dos abismos

Se quisermos que a nossa confiança em Deus aja como uma força vital resistente, não podemos entendê-la como uma fortaleza inabalável contra todos os questionamentos da vida nem como um castelo inconquistável em rocha firme, que resiste a todos os ataques. A minha convicção é: só podemos ousar uma confiança sólida em Deus neste mundo de forma contraditória e dialética.

Matthias Drobinski, jornalista do jornal *Süddeutsche Zeitung*, escreveu, para a festa da Reforma em 2017, um comentário intitulado "Ai, Deus, onde estás?":

> Neste dia da Reforma, ouço muitas pregações edificantes sobre Martinho Lutero e as teses que ele afixou em Wittenberg há 500 anos, "[...] sobre sua descoberta de que é a graça de Deus e não o desempenho do homem que o salva. [...]" Mesmo assim, o discurso de muitos pastores e bispos me soa falso neste dia (quando sua fala se esgota na declaração: você está bem do jeito que é; Deus está aqui e ama você, Ele segura você e o mundo em suas mãos; se você não estiver bem, Ele está com você...

Então, Drobinski levanta as perguntas que me acompanham desde que entrei na idade adulta:

> Onde Deus está, quando, na Síria, as bombas de Assad dilaceram crianças e supostos guerreiros de Deus degolam pessoas? Onde Ele está, quando pessoas morrem de fome e doenças? Ele está nas câmaras de tortura do mundo ou com os fugitivos que se afogam no Mar Mediterrâneo? [...] A fala da presença de Deus é mais do que uma mentira barata?

Em seu comentário, Dobrinski defende de forma convincente uma "busca de Deus existencial à beira dos abismos"; uma busca de Deus à beira de abismos que "ameaçam todas as certezas e seguranças, que refutam o consolo barato e que escandalizam todos os que desejam a certeza da fé".

A capacidade e a coragem de não minimizar nem reprimir os abismos nos eventos globais e dentro do ser humano são, na minha opinião, as características de uma "confiança em Deus a despeito de tudo", sustentável e resistente. A escritora Hilde Domin cunhou essa expressão. No final de sua vida nada fácil ela confessou:

> A palavra principal nos relatos da minha vida [...] é confiança: uma confiança que se regenera, uma confiança resistente, uma "confiança a despeito de tudo" (DOMIN, H. *Gesammelte Essays*. Frankfurt am Main 1993, p. 11).

Uma "confiança em Deus a despeito de tudo" como uma força vital resistente, sobretudo em tempos difíceis, significa para mim: nossa confiança em Deus não se agarra a imagens suas predefinidas, universais e livres de contradições. Ela não depende de integridade física, não precisa de sucessos externos nem da satisfação de todos os nossos desejos, sonhos e orações particulares. E seu objetivo não é que consigamos transformar a terra num paraíso pacífico e justo. Nossa confiança em Deus se fundamenta na certeza de que Ele deseja nos acompanhar e inspirar, e de que jamais nos abandona, independentemente daquilo que façamos ou soframos.

Não suspender a razão

Uma coisa é muito importante para mim: a nossa confiança em Deus como força vital resistente não deve suspender nossa razão, nem no que diz respeito à nossa reflexão teológica nem no que diz respeito à nossa piedade pessoal. Confiança em Deus não significa para mim a desistência da reflexão crítica nem da responsabilidade própria. Uma confiança em Deus ingênua e infantil, que tenta proteger as convicções teológicas contra quaisquer dúvidas e questionamentos é, frequentemente, a causa de crises de fé existenciais. Considero imprescindível o uso simultâneo de confiança e razão, também e especialmente no meu convívio com textos bíblicos e dogmas da nossa Igreja, e também em relação à minha confiança em Deus.

Revendo a história das nossas Igrejas parece-me que a teologia cristã e as Igrejas cristãs se meteram num beco sem saída, do qual não conseguiram sair durante alguns séculos. Ensinaram as pessoas a terem medo de Deus, e não temor dele; obediência na fé no lugar de confiança em Deus, acreditando equivocadamente que, se uma pessoa autoconfiante não vivesse em medo dos castigos infernais e da perdição eterna perderia seu vínculo com Deus e com a Igreja.

O olhar crítico sobre textos bíblicos que, por exemplo, legitimam o senhorio dos homens como ordem divina e propagam o castigo físico de crianças como vontade de Deus não deixam dúvida de que eu não posso nem quero confiar que todos os textos bíblicos concordam com a palavra e a vontade de Deus. Há passagens bíblicas que obscurecem ou até mesmo invertem o sentido do Evangelho; ou seja, as boas-novas da proximidade e do amor de Deus. Minha confiança em Deus precisa ter suas raízes e seu lar na Bíblia, na religião cristã e sobretudo na teologia. Mas se eu não suspender a minha razão perceberei que a palavra e a vontade de Deus só nos são acessíveis numa mistura indissolúvel de espírito humano e Espírito de Deus. O falar, o pensar e o agir dos autores da Bíblia e dos homens da Igreja eram e sempre serão orientados por interesses, fragmentários e falíveis.

Kurt Marti, teólogo e poeta suíço, expressou essa ambivalência da nossa religião, teologia e Igreja cristã desta forma:

Religião:
História em que estamos enraizados;
Visões que nos sustentam;

Espírito que nos nutre;
Imagens da alma;
Antiga diretriz;
Novos horizontes.
Mas também:
Fanatismo, hipocrisia;
Patriarcado;
Ídolos e caretas;
Terror psicológico que distorce;
Inquisidores;
Arrogância de maiorias morais;
Intolerância.
(Citado com a permissão da Editora Radius. MARTI, K.
Die gesellige Gottheit – Ein Diskurs. © *2004 by Radius-Verlag Stuttgart.*)

Como Kurt Marti, acredito que o efeito da proclamação de teologias e Igrejas cristãs não foi só o encorajamento para uma confiança sólida em Deus; teologias e Igrejas cristãs têm parte culposa também no "terror psicológico que distorce" e na decepção e destruição da confiança em Deus nos cristãos. Hoje em dia, pessoas dentro e fora das nossas Igrejas levantam perguntas críticas que também afetam a minha confiança em Deus: ainda é possível, nos dias de hoje, crer com as imagens e as falas tradicionais das Igrejas e viver com elas? Ou será que o ensino e a proclamação da Igreja só incentivam superstições? O que dizem os antigos relatos, imagens e interpretações bíblicos à luz do nosso conhecimento atual? Existem revelações divinas que a nossa mente humana deve ao Espírito Santo? Ou será que todas as supostas revelações divinas são exclusivamente produto da criatividade do cérebro humano?

A fé em tempos científicos

Estamos fazendo perguntas fundamentais: Uma confiança sólida em Deus ainda tem uma chance no nosso tempo esclarecido e científico para o qual a palavra *Deus* não significa quase nada? O que significam fé e confiança em Deus diante de um mundo que foi desmistificado pelas ciências naturais?

Na época em que eu era presidente do Conselho das Igrejas Evangélicas da Alemanha, conversei sobre estas perguntas com o físico e jornalista Martin Urban. Essa disputa foi publicada, e ele escreveu em seu prefácio:

> A fé transmitida e conservada pelos livros bíblicos se transformou hoje, em muitos aspectos, em superstição. Por isso, as Igrejas propagam superstições se não refletirem sobre seu ensino à luz das descobertas da pesquisa, tanto da teologia como sobretudo das ciências naturais (SCHNEIDER, N.; URBAN, M. *Was kann man heute noch glauben? –* Ein Disput. *Gütersloh*, 2013, p. 9).

Diferentemente de Martin Urban, eu não acredito que só uma fé científica, sem contradições e compatível com as descobertas das ciências naturais não seja superstição. As pessoas dentro e fora das nossas Igrejas podem e devem confiar em imagens de Deus que se opõem às descobertas das ciências, sem que isso prejudique sua alma ou a alma de outras pessoas, pois acredito que a qualidade da fé e confiança em Deus é diferente da qualidade do conhecimento e das descobertas científicas. A palavra e o Espírito de Deus movem o nosso espírito humano como algo vindo de fora: ou seja, a partir de uma esfera de poder que não está ao alcance do ser humano. Mesmo que não possamos destilar a palavra e o Espírito de Deus de forma pura a partir dos textos da Bíblia e das exposições dos nossos teólogos e das nossas Igrejas, o conceito *Deus* só faz sentido para mim se Ele não puder ser comprovado com a ajuda da ciência humana. Na minha conclusão à disputa com Martin Urban, ressaltei mais uma vez que a fé em Deus possui um potencial de libertação. Esse potencial existe justamente porque os fiéis confiam numa ação de Deus que surge de "espaços" e "dimensões" totalmente diferentes do cosmo criado. Por isso, a libertação de muitas "prisões" é possível, prisões essas que são sempre construídas pelas próprias pessoas. Pois muitas coerções objetivas são desmascaradas como coerções da razão que, na verdade, são preconceitos e dúvidas, mas também preguiça de pensar ou arrogância, fundamentalismo e crença nas ciências. No fundo, a questão é se estamos dispostos a aceitar dentro de nós a ação de uma força que parte de Deus, que, de forma exemplar, se manifestou na vida, na morte e na ressurreição de Jesus de Nazaré.

Pensar e falar de Deus em contradições

Eu acredito que o mundo e o ser humano sejam a criação de Deus. Visto, porém, que vivencio o mundo e o ser humano como bons e terríveis ao mesmo tempo, uma "confiança em Deus a despeito de tudo" só pode existir para mim de modo contraditório e dialético.

Em meu calendário encontrei a oração da judia holandesa Etty Hillesum, que foi assassinada em 1943 no Campo de Concentração de Auschwitz-Birkenau. Essa oração me ajuda a crer e viver "à beira dos abismos pessoais e políticos" (cf. o comentário citado acima de Matthias Dobrinski). A oração de Etty Hillesum diz:

> Quero te ajudar, Deus, para que não me abandones,
> mas não posso garantir nada de antemão. Somente
> isto se torna cada vez mais claro para mim: que Tu
> não podes nos ajudar, mas que nós devemos ajudar
> a ti, e assim acabamos ajudando a nós mesmos. É
> a única coisa que importa: salvar um pedacinho de
> ti dentro de nós mesmos, Deus. E talvez possamos
> ajudar a ressuscitar-te nos corações atormentados das
> outras pessoas (HILLESUM, E. *Das denkende Herz der*

Baracke – Die Tagebücher von Etty Hillesum 1941-1943. Friburgo im Breisgau, 1983).

Não tive que vivenciar nem sofrer em campos de concentração. Mesmo assim, eu e Deus em mim vivemos "tempos de escassez" no que diz respeito à minha confiança nele. Meike, a nossa terceira filha e caçula, morreu em 3 de fevereiro de 2005 aos 22 anos de idade, depois de uma luta de dois anos contra uma leucemia linfática aguda. Até seu último dia de vida, consciente, ela amou a vida nesta terra tão linda e, às vezes, tão terrível. Ela queria dançar sua vida e ser uma luz de Deus alcançando uma idade centenária. Meike estava com 22 anos de idade quando perdemos a luta pela sua vida.

Já antes da doença e morte de Meike eu não identificava uma vida abençoada por Deus com uma vida livre de sofrimento e adversidades. Tampouco a presença e o amor de Deus dependiam para mim de orações respondidas. Mas quando o caminho de uma vida cheia de esperanças, desejos e possibilidades de uma jovem mulher foi interrompido após meros 22 anos de forma tão violenta, as minhas emoções e a minha fé sofreram um choque e eu não consegui harmonizar isso de forma lógica e sem contradições com a amabilidade e o poder de Deus.

Ainda hoje (2019), quase 14 anos depois da morte de Meike, essas experiências, essa confiança em Deus "traída" atormentam minha mente e meu coração. E minha reflexão teológica se recusa a todas as respostas abstratas, dogmáticas e definitivas à pergunta: Por que um Deus amoroso e ao mesmo tempo onipotente permite tanto sofrimento e a morte precoce de seres humanos?

O filósofo judeu Hans Jonas (1903-1993), cuja mãe foi assassinada no Campo de Concentração de Auschwitz, refletiu em sua obra tardia sobre a questão da teodiceia após Auschwitz. Como Etty Hillesum, ele chegou à conclusão: para ainda podermos falar de Deus depois de Auschwitz e podermos confiar nele precisamos desistir da ideia da onipotência de Deus. Ele se comunica com a sua criação, mas não é capaz de interferir nos eventos do mundo. Cabe exclusivamente ao ser humano a responsabilidade pelo mal no mundo (cf. JONAS, H. *Der Gottesbegriff nach Auschwitz* – Eine jüdische Stimme. Frankfurt am Main, 1987).

Diferentemente de Etty Hillesum e Hans Jonas, ainda acredito e confio que todo o sofrimento e toda a injustiça deste mundo se encontram dentro do âmbito de domínio de Deus; ou seja, que Deus poderia interferir de forma poderosa. Um deus impotente que só é capaz de sofrer quando o ser humano sofre não é o fundamento da minha "confiança sólida em Deus a despeito de tudo".

Tenho, porém, dificuldades ainda maiores de acreditar num deus que não se compadece, que usa a doença e o sofrimento de forma impiedosa para disciplinar ou testar o ser humano. Essa imagem de Deus também não pode ser o fundamento da minha confiança nele. O fundamento imprescindível da minha "confiança em Deus a despeito de tudo" se encontra no vínculo contraditório e dialético entre o poder de Deus e o seu amor para com o ser humano. Admito de imediato que agarrar-me a esse fundamento e construir sobre ele é difícil na vida concreta. Também para nós, que não tivemos de vivenciar campos de concentração, noites de bombardeio, miséria de fugitivos e catástrofes de fome.

No dia em que a nossa filha foi diagnosticada com leucemia, ela escreveu em seu diário:

> Ainda acredito em Deus, é claro. Isso aqui não é castigo nem prova. Deus está comigo, Ele sofre comigo e não me abandona, tenho certeza absoluta disso (SCHNEIDER, M. *Ich will mein Leben tanzen.* Neukirchen-Vluyn, 2009, p. 16).

Para Meike, foi um grande desafio fundamentar sua confiança em Deus no contexto contraditório e dialético do poder e do amor de Deus diante de suas experiências concretas de doença e de seu medo da morte. Sempre que leio as palavras de Meike, que ela escreveu em janeiro de 2005, meu coração se parte. Cinco semanas antes da sua morte, quando nos disseram que nem o transplante de medula óssea tinha vencido a sua leucemia, ela refletiu sobre a pergunta se ainda podia acreditar em Deus.

O fato de ter que se reconciliar com a ação de Deus sem qualquer segurança garantida a atormentava. Ela se agarrava à experiência nos momentos em que, a despeito de tudo, conseguia rir e cantar; esses momentos eram presentes de Deus para ela. E conclui:

> Eu acredito, mesmo tendo dúvidas enormes, em tudo o que nos foi dito através de Cristo. A fé move montanhas, mas ela não consegue matar células cancerígenas [...]. Eu quero acreditar em Deus como que me ama e me protege [...] (SCHNEIDER, M. *Ich will mein Leben tanzen*. Neukirchen-Vluyn, 2009, p. 162).

Concepções simples de um deus sempre *bom*, que ouve os pedidos de cura das pessoas se elas realmente crerem *corretamente* com uma vontade *sincera* não conseguem fortalecer a *confiança em Deus a despeito de tudo* – nem a minha nem a de Meike. Tampouco, porém, a ideia de um deus impotente, que é capaz de se comunicar com o ser humano, mas é incapaz de interferir em sua vida.

Nessa confiança contraditória em Deus as perguntas pelo porquê das doenças, da injustiça e do sofrimento neste mundo e na minha vida pessoal não se calam. Aparentemente, Dietrich Bonhoeffer, pastor e membro da resistência na era nazista, tinha uma visão diferente. Já na prisão, Bonhoeffer escreveu ao seu cunhado Hans von Dohnanyi que, para ele, confiar em Deus significava aceitar o sofrimento "forte e como um homem", sem revolta, lamento e dúvida. Pois,

Tais coisas vêm de Deus e somente de Deus, e eu sei que você concorda comigo quando digo que, diante dele, só existem submissão, perseverança, paciência – e gratidão. Assim se calam todas as perguntas pelo "porquê", pois encontraram sua resposta (BONHOEFFER, D. *Widerstand und Ergebung*. Gütersloh, 1998, p. 59).

Suportar as perguntas pelo "porquê" sem respostas

Eu convivo, creio e confio com perguntas pelo "porquê" sempre novas. Eu não acredito que Deus, em tempos inseguros e escuros, só exija "submissão, perseverança, paciência – e gratidão". Não tenho nem busco respostas teológicas inequívocas e definitivas à questão da teodiceia. Não tenho nem busco imagens de Deus lógicas e livres de contradições. A verdade é concreta – isso vale também e especialmente para a nossa fala humana de Deus e para a minha confiança sólida nele em tempos difíceis.

Existe outro texto de Bonhoeffer que me apoia e inspira em minha confiança contraditória em Deus. Trata-se do credo que Dietrich Bonhoefer escreveu em tempos pessoal e politicamente difíceis:

Creio que Deus
É capaz de fazer nascer o bem em tudo,
Até mesmo na maior maldade.
Para isso,
Ele precisa de pessoas dispostas a permitir
Que tudo lhes sirva para o bem.
Creio que, em cada situação de necessidade,
Deus nos deseja dar a força de resistência
Que necessitamos.
Mas Ele não a dá antecipadamente,

Para que não confiemos em nós mesmos,
Mas nele.
Em tal fé, todo medo
Do futuro deveria estar superado.
Não creio que Deus seja um fato atemporal,
Mas que Ele espera por orações sinceras
E ações responsáveis, e responde a elas (BONHOEFFER,
D. Widerstand und Ergebung. *DBW*, vol. 8, p. 30).

Esperança para além da morte

Como conseguimos fazer isso: encarar a morte, não reprimi-la nem embelezá-la, e não deixar de confiar no poder vital de Deus? Como conseguimos fazer isso: encarar a morte, saber da nossa própria mortalidade, sofrer repetidamente despedidas e experiências de morte e, mesmo assim, preservar uma "confiança em Deus a despeito de tudo"?

Acredito que a nossa confiança sólida em Deus perderia um fundamento imprescindível se não tivéssemos uma esperança para além da morte. Nós temos a esperança de um além, de uma vida após a morte com outra qualidade do que aquela que vivenciamos na vida no aquém. Temos a esperança de uma vida nova que não será oprimida por guerra, injustiça e violência, por inseguranças, medos, doenças, dores e morte. Temos a esperança de uma vida nova num relacionamento direto com Deus, como a Bíblia o promete:

Deus enxugará as lágrimas de seus olhos e a morte já não existirá. Não haverá mais luto, nem pranto, nem dor, porque tudo isso já passou (Ap 21,4).

Essa esperança do além nos ajuda a continuar vivendo com confiança a despeito dos nossos encontros e experiências com a morte.

A Bíblia não nega nem ignora injustiça e violência, nem sofrimento e morte. Ela não minimiza nem se cala diante do fato de que a nossa vida terrena é marcada por experiências de cruz e morte. Mas os testemunhos da cruz e da ressurreição de Jesus nos encorajam para além da morte com uma nova força vital, que nos protege do desespero paralisador. Confiamos na presença de Deus no aquém e no além. Por isso, o medo da morte não nos paralisa, nem na vida particular nem em vista dos problemas e dos focos de crise no nosso mundo. Também por isso podemos encarar a transitoriedade de todas as coisas terrenas de modo realista e, ao mesmo tempo, confiante. Podemos encarar também a transitoriedade da nossa vida terrena e dos nossos relacionamentos terrenos; continuar a defender a humanidade, a paz, a justiça e a preservação da criação de Deus, mesmo que mesquinhez, conflitos, injustiça e catástrofes naturais pareçam triunfar.

Pois a nossa força não é alimentada somente por meio de sucessos. Confiamos que o Espírito de Deus sempre nos acompanha e que as vitórias terrenas de injustiça, violência e morte não são definitivas. Essa confiança é uma força vital milagrosa. No entanto, ela só se oferece na forma da "confiança a despeito de tudo", e ela também é mutável, contraditória e dialética para nós. Nisso, porém, transparece que a confiança em Deus tem a ver com o Deus vivo, em cuja presença todas as coisas contraditórias e dialéticas se encontram em boas mãos.

Comentário de Anselm Grün

Quando li o texto de Nikolaus Schneider percebi que só posso falar da confiança em Deus como uma confiança "a despeito de tudo". Não podemos dizer simplesmente: Confie em Deus e tudo ficará bem. A vida desmascara a mentira de tais palavras otimistas. Só podemos falar da confiança em Deus em vista do sofrimento deste mundo e em vista dos golpes do destino pessoais, que todos nós sofremos. Mas é justamente por isso que nós cristãos não devemos resignar e enfiar a cabeça na areia, mas fazer o que o salmo nos sugere: "clamar a Deus da mais profunda aflição". Em conversas, as pessoas se queixam frequentemente: "Não posso mais confiar em Deus. No passado, eu vivia na base da confiança em Deus. Mas agora não consigo mais fazer isso". Eu não prometo nenhum caminho fácil às pessoas para voltarem a confiar em Deus. O que eu tento fazer é explicar a elas que a antiga confiança em Deus era boa, mas que talvez tenha sido fácil demais. Ouviram de outros que sempre confiam em Deus. Quando procuram uma vaga no estacionamento, confiam que Deus lhes reserva uma. Ou quando precisam de alguém que lhes ajuda na busca de um emprego, elas confiam que a pessoa certa aparecerá do nada. Quando ouço histórias desse tipo sinto inveja e me pergunto por que isso não funciona na minha vida. Mas a minha experiência é que essas histórias encobrem o drama verdadeiro das pessoas. Quando olhamos mais de perto, vemos que sua vida não é tão bela quanto parece, mas que é um verdadeiro caos.

Para mim, esse tipo de situação é uma chance de se despedir de uma confiança em Deus muito simples e fácil. Confiar em Deus não significa que nada acontecerá comigo, que tudo sempre dará certo, que Ele me protegerá de qualquer doença. Nossa confiança em Deus é testada por meio de sofrimento e doença. E quando isso acontece, consolos não adiantam: "Deus quer o seu bem. Isso é apenas uma prova passageira". Não, Deus é capaz de nos testar por meio de sofrimento a ponto de perdermos toda a nossa confiança nele. E então somos obrigados a lutar para não desistirmos de nós mesmos e não descartarmos Deus como mera ilusão.

O que significa confiar em Deus quando uma pessoa amada morre, quando perco meu filho por causa de um acidente? Por que Deus não impediu isso? Alguns dizem: "Eu ainda abençoei meu filho antes de ele entrar no carro, mesmo assim ele morreu num acidente. Eu não consigo entender isso". Eu, como conselheiro de uma pessoa testada pelo sofrimento, também não entendo esse tipo de coisa. Eu me calo diante desse sofrimento e me pergunto: A minha fé me sustentaria numa situação semelhante, e como ficaria a minha confiança em Deus? Ela também se calaria ou eu conseguiria ter a esperança de que, apesar daquilo, nem tudo é absurdo, de que não caí da mão de Deus? Ainda não consigo enxergar um sentido. No entanto, a despeito de todo absurdo, eu me agarro a Deus na esperança de que, em algum momento, a luz iluminará a escuridão e a confiança dissipará a angústia.

É o que nos mostra a Bíblia. A imagem primordial da confiança em Deus é Abraão. Para ele, confiar em Deus significa abandonar todas as certezas, tudo que lhe é familiar, tudo que o sustentava até então e enfrentar um caminho desconhecido. Paulo elogia Abraão como imagem primordial da fé. Mas a confiança dele não era tão sólida quanto Paulo diz. Primeiro, Abraão teve de vivenciar que a terra que Deus tinha lhe prometido estava passando por um período de fome. Abraão não confiou que Deus daria uma boa colheita à terra. Ele continuou até o Egito para fugir da fome. No Egito, ele apresentou sua esposa por diversas razões como sua irmã, pois temia que os egípcios desejassem a sua esposa e o matassem por causa dela (cf. Gn 12,11s.). Ele não confiou que Deus o protegeria, mas usou sua esposa como garantia para se dar bem. O faraó tomou Sara como sua esposa e, por isso, tratou Abraão bem (cf. Gn 12,20-30). Abraão abandonou sua esposa e a entregou ao faraó. Mesmo assim, esse Abraão é o pai da nossa fé. A despeito de todas as suas dúvidas e fraquezas pessoais, ele confiou que, abandonando todas as seguranças, ele se tornaria uma bênção para as pessoas.

No Novo Testamento, a imagem primordial da fé, da confiança em Deus, é Maria. Ela aceita a mensagem do anjo e se coloca à disposição de Deus. Naquele momento, não sabia o que isso significaria para ela. Precisou vivenciar como seu filho se tornou um estranho para ela, que não o entendia. Aos pés da cruz, na qual seu filho sofreu uma morte terrível, a sua fé passou por uma crise profunda. A Bíblia nos diz que, mesmo assim, ela permaneceu firme em sua confiança em Deus. Mas certamente isso não aconteceu sem que ela se abalasse profundamente. A despeito de todas as incertezas que ela terá de enfrentar, consegue dizer:

Eis aqui a serva do Senhor.
Aconteça comigo segundo a tua palavra! (Lc 1,38).

Pedro, por sua vez, oscila constantemente entre confiança e dúvida, entre confiança e medo. Na tempestade, quando vê Jesus caminhando sobre a água, grita de medo. Acredita que um fantasma está vindo em sua direção. Jesus, porém, dirige-lhe palavras de encorajamento, e ele parece confiar tanto que até consegue andar sobre a água. Mas esse momento de confiança não dura; quando ele vê as ondas altas, volta a ter medo. Jesus é obrigado a tirá-lo da água e o repreende:

Homem de pouca fé, por que duvidaste? (Mt 14,31).

O tema dessa cena não é fé ou descrença, mas muita fé ou pouca fé. Nós nos reconhecemos em Pedro: confiamos em Deus. Mas é uma fé fraca, uma confiança frágil. Assim que as tempestades da vida se aproximam, nós duvidamos. O medo dissipa toda confiança. É como se nunca tivéssemos confiado. Sempre de novo somos obrigados a arrancar a confiança das garras do medo.

As pessoas que se queixam por terem perdido a confiança em Deus costumam perguntar: Como posso aprender a confiar em Deus? Não existe um caminho fácil, mas os monges recomendaram um. Trata-se do método antirrético, descrito por Evágrio Pôntico, um dos antigos monges do deserto egípcio no século IV. Ele aconselha a confrontar o medo com um texto bíblico. Por exemplo:

> O SENHOR está a meu favor; nada temo.
> Que mal poderá alguém me fazer? (Sl 118,6).

Este não é um método barato para dissipar todo medo que existe dentro de nós. Evágrio parte do pressuposto de que em nós sempre existem as duas posturas: confiança e medo. Devo, portanto, admitir o medo e permitir que ele exista. Mas eu não me concentro nele. Eu o confronto com a palavra do salmo para que, aos poucos, a palavra de Deus transforme o meu medo ou, em outras palavras, a palavra de Deus me conecte em meio ao meu medo com a confiança que já existe dentro de mim. Quando pratico isso por algum tempo é possível que a confiança em Deus se torne mais forte do que o medo das pessoas.

No entanto, o método antirrético não é um truque para adquirir confiança em Deus às pressas. Esse método vive desse dilema do ser humano de sempre oscilar entre medo e confiança. O método pode ajudar a relativizar o medo, mas não existe nenhum truque para simplesmente substituí-lo pela confiança.

Percebo em círculos religiosos também o abuso da confiança em Deus. Alguns dizem a um enfermo: Se você confiar suficientemente em Deus, ficará curado. E quando isso não acontece, a razão é a falta de confiança. Aqui a confiança em Deus se transforma em exigência que devemos satisfazer. Se a satisfizermos, conseguiremos superar toda doença e todo sofrimento. Mas isso é totalmente contrário à mensagem bíblica, que frequentemente narra experiências sofridas e fala de pessoas que clamam a Deus em meio à sua aflição. Esse clamor já contém a esperança da confiança. Mas é um grito dirigido a Deus para que Ele nos fortaleça e cure. Na Bíblia, os personagens se agarram a essa confiança, mesmo quando Deus não cumpre os seus desejos, quando Ele não cura a sua doença. É uma confiança a despeito de toda decepção, a despeito de toda aflição. O salmista ora:

> Minha vida se esgota em tristeza,
> e meus anos em gemidos.
> Meu vigor se dissipa por causa de minha culpa;
> consomem-se meus ossos (Sl 31,11).

Mesmo assim, após descrever a sua aflição, ele consegue confessar:

> Mas eu confio em ti, SENHOR.
> Afirmo que só Tu és o meu Deus.
> Meu destino está em tuas mãos:
> Livra-me da mão dos meus inimigos e perseguidores! (Sl 31,15s.).

Ele olha para a sua aflição; ao mesmo tempo, porém, eleva os olhos para Deus. Mesmo que a aflição parece dominá-lo completamente, ele eleva seus olhos para o céu, confiando que Deus o socorrerá.

Não adianta usar a fé para pressionar a si mesmo, como se o cristão devesse sempre confiar em Deus. É um desafio vitalício elevar os olhos para Deus em meio a dúvidas e temores e, contra toda a descrença e contra toda a desconfiança, confiar que não caímos das mãos de Deus, nem mesmo em situações que não conseguimos entender.

Uma prática na qual exercitamos a confiança em Deus é a oração. Mas justamente a oração costuma ser atacada por dúvidas. Quando oro surgem dentro de mim pensamentos desse tipo: Tudo isso que eu imagino a respeito de Deus nada mais é do que ilusão? Você está imaginando algo ao orar para que você se sinta melhor, para que você consiga lidar melhor com a vida? Quando permito que essas dúvidas apareçam e reflito sobre a alternativa de que Deus não existe e que a oração é apenas autoenganação, surge dentro de mim uma sensação forte: eu confio na Bíblia; eu confio em santos como Agostinho, Teresa e Francisco; eu confio em todas as experiências que os cristãos fizeram com a oração e, ao mesmo tempo, com o sofrimento. Em meio à oração, em meio à fé, preciso lembrar constantemente: eu aposto na fé. Mas é como uma aposta; não existe certeza. Dentro de mim existe a confiança de que, como Blaise Pascal escreveu em seu famoso texto sobre a aposta, eu ganharei a aposta. Blaise Pascal desenvolveu este raciocínio numa conversa com um cético. Ele disse:

Deus existe ou Deus não existe.

Pascal afirma que é muito mais sensato apostar na existência de Deus (cf. DIRKS, W. *Die Wette* – Ein Christ liest Pascal. Friburgo, 1981, p. 65ss.).

Assim, quero encorajar todos aqueles que duvidam a permitir as dúvidas, mas também a confiar na noção interior da fé em Deus e do sustento dele. Assim podemos experimentar, em meio à tribulação, que estamos nas boas mãos de Deus. Mesmo que não consigamos sentir essa mão em todos os momentos, ela está aqui, e jamais cairemos dessa mão.

IMPULSOS BÍBLICOS

"A CONFIANÇA QUE OSTENTAS" (2RS 18,19)

Nikolaus Schneider

> O chefe dos copeiros lhes disse: "Dizei a Ezequias: Assim fala o grande rei, o rei da Assíria: Em que coisa se funda a confiança que ostentas?" (2Rs 18,19).

"Em que coisa se funda a confiança que ostentas?" Essa pergunta feita pelo chefe dos copeiros, um oficial de alta patente da corte assíria, era de zombaria e deboche, não de admiração ou respeito. O que ele quis dizer era: Como você pode ser tão alheio ao mundo? E tão leviano? Por isso, ele acrescenta imediatamente:

> Pensas que estratégia e bravura militares são simples questão de palavras! (2Rs 18,20).

De que eles estavam falando? De luta e guerra, estavam falando de Judá, de Israel e da Assíria, do rei judeu Ezequias e do rei assírio Senaquerib. A Assíria planejava conquistar todo o Oriente Próximo, pretendia saquear os países inimigos, destruir as fortalezas e deportar a população para poder dominá-la. O objetivo era aumentar o poder e a riqueza de Senaquerib. Para Ezequiel e Judá, o que estava em jogo era sua própria existência. A Assíria garantia seu domínio desarraigando as populações. Israel, o reino do norte, já havia vivenciado isso: seu povo havia sido deportado e sua pátria tinha desaparecido da face da terra. Aniquilação étnica com resultado definitivo.

Ezequias estava se colocando no caminho desse estado poderoso com seu rei ambicioso e seu exército enorme. Seu reino Israel também estava enfrentando a destruição. Somente Jerusalém ainda não havia sido conquistada, mas estava sendo sitiada e isolada do restante do país. Os mantimentos estavam acabando, a situação era catastrófica.

Como puderam chegar a esse ponto?

Essa confiança deixou Senaquerib perplexo. Seus homens fortes também ficaram sem palavras. Eles confiavam em poder militar superior e acreditavam que nenhum deus poderia proteger um povo da superpotência assíria. Suas conquistas no passado comprovavam sua estratégia. O grande Rei Senaquerib, em sua plenitude de poder terreno, sentia-se superior a qualquer deus.

Senaquerib não era tão arrogante a ponto de não se importar com a quantidade de seus soldados que perdiam a vida. Por isso, ele apostava não só na força de seu poder militar; ele também fazia uso de palavras, propaganda e encenação: posicionou um exército enorme diante dos muros de Jerusalém, ostentou a pompa de seus oficiais de alta patente, tentou intimidar e seduzir.

Diante dos homens e das mulheres de Judá, que tinham se reunido no topo dos muros da cidade, o chefe dos copeiros proclamou: "Temos a força militar mais poderosa de todos os tempos. Se vocês se renderem, vocês terão um futuro brilhante; eu posso lhes garantir isso. E olhem só a política desastrosa do seu rei: aliados inconfiáveis, promessas vazias, esperanças irresponsáveis. Mesmo que lhes déssemos o melhor equipamento, vocês nem conseguiriam usá-lo. Antes que Deus socorra vocês, ele ajudará Senaquerib". Assim, os oficiais da corte assíria tentavam incitar o povo judeu contra o Rei Ezequias e seus conselheiros mais próximos. Misturavam fatos com meras promessas. Eles não só espalhavam insegurança e minavam a confiança no rei; eles também tinham um enorme poder militar para impor as suas palavras. Era preciso levar essas pessoas a sério! Isso não era *fake*, os soldados e seu equipamento moderno eram muito reais.

Contra esse barulho e essa pompa impressionantes, Ezequias só pôde oferecer a resposta ao povo: "A confiança em nosso Deus abre o nosso caminho para o futuro!" E ele só pôde ser um exemplo para o povo: foi até o templo para orar a Deus e apresentar a Ele a ameaça de Senaquerib; consultar o Profeta Isaías e confiar as suas mensagens de Deus.

O que Ezequias podia fazer era encorajar seu povo a não se impressionar com a pompa e o barulho dos assírios, como também resistir, da melhor maneira possível, com suas forças inferiores. Ele acreditava que, com o tempo, as promessas de Deus se cumpririam e que o povo confiaria mais nele do que nas seduções do grande rei. No entanto, Ezequias também disse com certa arrogância da fé: para Senaquerib lutam braços humanos, para nós lutará o braço de Deus!

Essa história dramática é relatada três vezes na Bíblia: em 2Reis, em 2Crônicas e em Isaías. Todos os registros narram que o conflito teve um resultado positivo para Ezequias e os habitantes de Jerusalém, sim, para todo o reino de Judá. Quem sabe se ainda existiriam judeus se a história tivesse tido um outro fim...

Primeiro o grande Rei Senaquerib retirou suas tropas de Jerusalém porque acreditava ter de cuidar de outros problemas militares. Finalmente, como relatam as narrativas bíblicas, 185 mil de seus soldados acampados morreram por algum motivo misterioso, de modo que o rei se viu obrigado a encerrar a campanha, a voltar para a sua capital Nínive. Lá, ele foi assassinado durante uma ida ao templo.

"A confiança que ostentas!" – essa exclamação passou a adquirir outro significado. Depois da salvação de Ezequias, de Jerusalém e de Judá, e depois da ruína do rei assírio Senaquerib, o sentido dessa exclamação é invertido: a zombaria se transformou em maravilha; o deboche em respeito. "A confiança que ostentas!" Um conselho para nós nos dias de hoje? Sim e não!

Na minha vida, a confiança em Deus também define a minha postura. No entanto, eu me recuso a usar o braço de Deus contra mísseis e armas nucleares, e considero nefando instrumentalizar a confiança em Deus como uma arma. Deus não está automaticamente do lado dos batalhões mais fortes e não serve como expressão de uma confiança na vitória. "Deus conosco" – acredito que essa exclamação e essa pretensão se expõem ao risco de transformar o Criador do céu e da terra, o Pai de Jesus, num "deus tribal", no qual o respectivo povo adora a si mesmo. Não, assim não.

Para mim, a tradição bíblica que se alimenta com a experiência de que Deus está próximo daqueles que têm um coração quebrantado, cuja alma está triste, que sofrem com pobreza ou escravidão, que são vitimizados por guerra e violência e que têm sede de paz e justiça é determinante. A confiança em Deus num gesto triunfal provoca em mim uma reação de ceticismo e rejeição fundamentais. A confiança em Deus como força consoladora e fortalecedora em situações desesperadoras é o meu entendimento de confiança em Deus. A confiança que ostentas – não como toque de trombetas, mas como um testemunho de vida silencioso mas persistente.

Uma das passagens bíblicas que me orientam nesse entendimento é:

> O SENHOR está próximo dos corações contritos
> e salva os espíritos abatidos (Sl 34,19).

Ou:

> A Assíria não nos salvará, não montaremos a
> cavalo e já não diremos "nosso Deus" à obra de
> nossas mãos, porque é em ti que o órfão encontra
> misericórdia (Os 14,4).

E eu me oriento especialmente pela declaração programática de Jesus no início de seu ministério público em Lucas:

> O Espírito do Senhor está sobre mim, porque Ele me ungiu para anunciar a Boa-nova aos pobres; enviou-me para proclamar aos aprisionados a libertação, aos cegos a recuperação da vista, para pôr em liberdade os oprimidos e para anunciar um ano da graça do Senhor (Lc 4,18s.).

Na reflexão do Novo Testamento eu me deparo repetidamente com esta declaração, e no final do Apocalipse de João ela resplandece como promessa para a vivência do novo mundo de Deus:

> Ele enxugará as lágrimas de seus olhos... (Ap 21,4).

Estas afirmações fundamentam a minha confiança em Deus. Quero aproveitar a exclamação do chefe dos copeiros e testificá-la para o nosso tempo: "A confiança que ostentas!"

"NÃO PERCAIS A VOSSA CORAGEM!" (HB 10,35-36)

Anselm Grün

Não percais a vossa coragem, que tem grande recompensa. Realmente, precisais de perseverança para fazerdes a vontade de Deus e alcançardes os bens prometidos (Hb 10,35-36).

O autor da Carta aos Hebreus deseja encorajar os cristãos desanimados com uma nova teologia e reconectá-los com a força original de sua fé. No que diz respeito a esse aspecto, a Carta aos Hebreus é um livro moderno. Ela fala hoje aos cristãos desanimados, que perderam o impulso original de sua fé. Ele faz uma retrospectiva positiva do passado, quando os cristãos se provaram na fé, e os lembra da fé que, até então, os ajudou a superar todas as adversidades da vida. A partir disso ele diz aos cristãos para que não percam a sua coragem. A palavra grega *parrhesia* significa não só coragem, mas também a certeza da fé ou a capacitação de entrar no santuário celestial, para o qual Jesus já entrou. Não devemos arriscar a nossa fé levianamente. Ela nos diz: Em todas as lutas e conflitos com os quais o nosso tempo nos confronta, nós não cairemos. Alcançaremos nosso destino, entraremos no santuário interior. O santuário interior não é apenas o céu que nos foi prometido para depois da morte;

é o sagrado dentro de nós mesmos. Evágrio Pôntico, o monge escritor do século IV, chama esse santuário interior de "lugar de Deus". Para ele, esse lugar é o fundo da alma. Lá está o sagrado dentro de nós; o sagrado está fora do alcance do mundo. Em meio às turbulências, existe dentro de nós esse espaço interior do sagrado. Lá somos sãos e íntegros. Lá, os ferimentos e as calúnias, aos quais somos expostos como cristãos nos dias de hoje, não nos alcançam. Lá estamos livres das muitas opiniões com que somos confrontados e que pretendem provar para nós que a nossa fé é antiquada.

Não devemos perder essa confiança, essa coragem. Ela nos traz uma grande recompensa. Para o autor da Carta aos Hebreus, a recompensa não é algo material. O que ele quer dizer é que essa fé nos faz bem. Ela contribui para o sucesso da nossa vida. Esse texto do Novo Testamento não critica o ensinamento da justificação de Paulo. Ele vê na recompensa a consequência da fé. A pessoa que crê e entra no santuário interior, cheia de coragem, vivencia já agora a recompensa. Ela vivencia já agora como Ele a liberta do medo de ter que provar seu valor às outras pessoas. Essa fé nos liberta da tendência tão difundida nos dias de hoje: a necessidade de sempre ser obrigado a representar algo. Os psicólogos nos dizem que essa tendência resulta num si-mesmo esgotado. Estamos tão concentrados na nossa autorrealização, que isso nos esgota e nos leva ao oposto. A fé nos conduz para outra qualidade da vida.

O que precisamos ter, segundo a Carta aos Hebreus, é perseverança. Na época, a palavra grega *hypomone* era muito popular. No entanto, não significa o que expressa a palavra "paciência", pois não descreve uma postura passiva. Quando Odisseu é elogiado como aquele que suporta muito, isso se refere à "força de perseverança diante dos golpes dos deuses", como o expressa o antigo poeta Eurípedes. A perseverança da qual precisamos nos ajuda a nos afirmar dentro de um mundo perdido; ela nos ajuda a resistir ao mal que encontramos; ela nos concede firmeza em meio às turbulências da vida. A perseverança nos capacita a cumprir a vontade de Deus e, assim, a alcançar o bem prometido, que consiste em entrar no descanso do sábado de Deus. É com esta imagem que a Carta aos Hebreus descreve o destino da nossa vida: na morte, entraremos no descanso eterno de Deus. Mas já agora a fé e a perseverança nos capacitam, em meio ao mundo turbulento, no qual somos perseguidos e atacados, criticados e rejeitados, a alcançar o espaço do silêncio, o fundo da nossa alma.

Vejo nesses versículos da Carta aos Hebreus, de um lado, uma confirmação da nossa fé. Em vez de desistirmos cansados, a coragem e a perseverança devem nos ajudar a seguir nosso caminho com forças renovadas, e a não termos medo das tribulações que nos esperam no mundo. Especialmente hoje, num tempo em que tantos têm medo do futuro, essas palavras querem nos encorajar a seguir o nosso caminho, cheios de confiança e força. Ele nos levará ao destino. Já aqui ele nos dará momentos de repouso, como Lucas diz em Atos, ou para permanecermos na imagem da Carta aos Hebreus: nosso caminho da fé nos conduzirá já aqui para o espaço interior do silêncio, para o santuário interno, ao qual o barulho do mundo não tem acesso e onde o poder do mundo sobre nós termina. Num mundo em que a sociedade tem acesso cada vez maior à nossa vida pessoal – basta pensar nas inúmeras regulamentações burocráticas –, a fé pretende criar a liberdade interior, o espaço sagrado no qual somos sãos e íntegros.

O segundo aspecto que me parece ser importante nessas palavras da Carta aos Hebreus é que essa postura nos impede de permanecer no papel de vítima. Hoje é considerado moderno que indivíduos ou grupos se sintam como vítimas na sociedade. Eles se sentem ignorados, não têm ninguém que defenda seus direitos e interesses, e por isso acreditam ser vítimas. Mas dessa vítima parte uma energia agressiva; a vítima acusa e reclama constantemente direitos para si; em nome da vítima são exigidas altas somas de dinheiro; o comércio com a vítima floresce, principalmente para os juristas e advogados, que transformaram a vitimização em fonte de renda. Em uma sociedade, porém, na qual todos se veem como vítima, o convívio se torna impossível; ninguém assume a responsabilidade pelas suas próprias ações. Quando algo dá errado, procuramos a culpa não em nós mesmos, mas nos outros. Alguém precisa ser culpado quando sofro um acidente de carro; a fábrica que produziu o carro deve ter ignorado algum detalhe, pois a vítima exclui a possibilidade de ela mesma poder ter cometido algum erro; ela procura culpados que causaram o seu infortúnio.

Não nos faz bem permanecer no papel de vítima. Como vítima, permanecemos passivos. Verena Kast, a conhecida psicóloga suíça, escreveu um livro intitulado *Despedida do papel de vítima*. Todos nós somos vítimas de perseguição, difamação, favoritismo, ferimentos, da mesma forma como os primeiros cristãos também foram vítimas de hostilidades, como confirma a Carta aos Hebreus. Mas os cristãos aos quais a Carta aos Hebreus se dirige não permaneceram no papel de vítimas. Eles sustentaram "longas e dolorosas lutas" (Hb 10,32). Da mesma forma, devemos seguir nosso caminho com perseverança, não permitindo que as adversidades externas nos desanimem, mas enfrentá-las com coragem.

Encontro muitos cristãos que se veem como vítimas da sociedade secularizada. Lamentam que a fé está recuando no mundo, que um número cada vez menor de pessoas frequenta a igreja, que a propagação da fé não avança. Mas esse reclamar de tudo que dá errado hoje em dia não leva a nada; permanecemos presos no papel de vítima, na passividade. Deveríamos agir ativamente a isso, com coragem, liberdade interior e perseverança. Cada tempo tem seu próprio desafio e suas próprias urgências. Podemos lamentar e nos entregar à nostalgia (antigamente tudo era melhor) ou chorar pela situação como ela é; isso significa que nós nos despedimos das imagens que temos da Igreja, de nós mesmos como cristãos, aceitando a realidade como ela é. Somente se a aceitarmos e afirmarmos é que poderemos mudar a situação. Tudo o que rejeitamos permanece preso a nós, e nada muda. Permanecendo em nosso papel de vítima, consolidamos o *status quo*. Só se aceitarmos a nossa situação como exatamente é, ela se transformará. Esta é uma lei fundamental da vida espiritual: só aquilo que aceitei pode ser transformado e curado.

A coragem e a perseverança, a liberdade interior e a paciência nos capacitam a aceitar a situação da nossa Igreja e da nossa sociedade. No entanto, aceitar não significa resignar. A aceitação é um ponto de partida; eu aceito a situação da Igreja e da sociedade como ela é. Ao mesmo tempo, sei que a Igreja ainda não assumiu a forma que corresponde à sua essência. Na coragem também está contida a esperança de que a Igreja assumirá cada vez mais a forma que Jesus imaginou para ela.

O que vale para a Igreja também vale para cada cristão. Devemos aceitar o que está dentro de nós; não somos os cristãos ideais, sempre repletos de fé. Devemos nos aceitar em nossa mediocridade, assim entramos em contato com a coragem e a perseverança que já existem em nós, das quais frequentemente nos encontramos separados. A Carta aos Hebreus pretende nos encorajar a confiar nessas duas posturas. Assim, elas surgirão dentro de nós e impregnarão toda a nossa consciência, e nossas palavras e nossas ações corresponderão cada vez mais ao espírito de Jesus.

Permitamos que a Carta aos Hebreus nos tire de nosso papel de vítima, do nosso cansaço espiritual e do nosso lamento resignado, para que possamos seguir o nosso caminho cheios de confiança.

> Corramos com perseverança para o combate que nos cabe, de olhos fitos no autor e consumador da fé, Jesus (Hb 12,1s.).

"DELE ESPERAMOS" (2COR 1,8-10)

Anselm Grün

Não queremos, irmãos, que ignoreis a aflição que nos atingiu na Ásia. Fomos maltratados muito acima de nossas forças, a ponto de termos perdido a esperança de sair com vida. Até já sentíamos, como certa, a sentença de morte, para não confiarmos em nós mesmos e sim em Deus, que ressuscita os mortos. Foi Ele que nos livrou e nos livrará de tamanho perigo de morte. Dele esperamos que continue a salvar-nos (2Cor 1,8-10).

Paulo fala de uma grande aflição, sim, de um perigo mortal em que ele se encontra. Os comentaristas afirmam que, hoje, já não é mais possível dizer qual foi essa aflição. Ou ele estava numa prisão e poderia ser condenado à morte, ou ele estava com uma doença tão perigosa que já estava vislumbrando a sua morte. É também possível que ele se sentia tão atacado por seus adversários, que já previa o fracasso de sua missão e via a obra de sua vida em perigo. Para Paulo, isso já teria sido uma sentença de morte. Não conseguimos reconstruir o pano de fundo histórico com exatidão. E isso nem é tão importante, pois Paulo escreve sobre si mesmo, chamando a atenção dos cristãos para o fato de que a vida deles pode ser igualada à dele.

A franqueza do texto nos convida a nos colocarmos na situação de Paulo: lutamos por uma boa causa, mas agora tudo se voltou contra nós; todo o nosso esforço parece ter sido em vão. Ou nós nos empenhamos na empresa para criar uma boa atmosfera de trabalho, mas o novo dono da empresa espalha um clima agressivo. Nós nos esforçamos na Igreja para melhorar o convívio, para motivar os outros a interagirem com as pessoas doentes e idosas, mas nosso esforço não deu em nada; acreditamos que todo o nosso empenho foi em vão. Paulo expressaria esse *em vão* dizendo que estamos esgotados e duvidamos de nós mesmos; ele descreveria isso com a imagem dramática da sentença de morte, que foi declarada sobre tudo aquilo que tentamos fazer. Não há caminho à frente; fizemos de tudo, mas foi em vão.

A outra situação é uma doença pessoal. Tentamos cuidar da nossa saúde. Agora, tudo parece ter sido em vão. A doença não se importa com a nossa alimentação saudável; ela ataca e é implacável. Nós lutamos contra ela; mas, em algum momento, nós nos sentimos esgotados. Temos a impressão de estarmos lutando em vão; a doença parece ser mais forte do que nós. Nessa situação, Paulo nos dá um conselho curioso. Ele mesmo assinou a sua sentença de morte, isso significa: a doença levará à morte; a empresa ignorará os nossos esforços para melhorar o clima interno; na Igreja não florescerá uma vida nova. Mas assinar a sentença de morte, aceitar o fracasso não é para Paulo um sinal de resignação. Ele explica que, agora, ele não confia mais em si mesmo, mas no Deus que ressuscita os mortos. Quando aceitamos nossa situação desesperadora deixamos de confiar em nós mesmos; chegamos ao fim das nossas forças e das nossas possibilidades, mas confiamos que Deus sempre tem outras possibilidades para levar a situação a um final melhor.

Com a narrativa da sua salvação do perigo da morte, Paulo pretende encorajar os cristãos a depositarem sua confiança em Deus, que é capaz de transformar cada situação. Se Ele ressuscitou Jesus dentre os mortos, Ele também nos salvará da morte. Mesmo que a situação pareça ser totalmente desesperadora – como a situação que vemos na morte de Jesus na cruz – devemos, mesmo assim, confiar em Deus. Ele consegue nos resgatar da maior aflição; Ele consegue nos socorrer da aflição da morte; Ele nos salvará. Paulo incentiva os cristãos a depositarem sua confiança em Deus, "que continuará a nos salvar".

Paulo se apresenta como exemplo para os cristãos. Mas para nós não será tão fácil dizer sim à doença que talvez nos leve à morte. Para nós, não será tão fácil dizer sim ao nosso fracasso; devemos admitir que fracassamos com nossas tentativas de melhorar a situação em nossa empresa, em nossa Igreja, em nossa família. Normalmente nos sentimos ou impotentes ou ficamos com raiva porque todo o nosso empenho foi em vão. Paulo nos convida a primeiramente aceitar a situação: é assim que é; não há como negá-la. Mas é justamente nessa situação em que não vemos mais qualquer possibilidade de mudar algo que devemos depositar a nossa confiança em Deus.

Deus é aquele que ressuscita os mortos. Com estas palavras – "Tu, que ressuscitas os mortos" – a *Amidá*, a oração judaica das 18 petições, caracteriza Deus. Nós cristãos, quando ouvimos esse atributo de Deus, nos lembramos imediatamente da ressurreição de Jesus Cristo, quando Deus provou que Ele ressuscita os mortos.

Assim, a morte e a ressurreição de Jesus são para os cristãos um sinal de esperança. A ressurreição do Jesus morto fortalece em nós a esperança de que não existe nada dentro de nós que Deus não consiga transformar. Não existe escuridão que a luz de Deus não iluminará; não existe estarrecimento que Ele não consiga quebrar; não existe fracasso que Ele não possa transformar em um novo começo; não existe túmulo no qual não floresça uma vida nova.

Nesses poucos versículos, Paulo fala da esperança cristã central: em meio ao sofrimento, do qual não conseguimos mais dar conta, em meio ao medo da morte, em meio à depressão, devemos olhar para Deus, que ressuscita os mortos. Não são palavras vazias, mas conforto real.

Em alemão, a palavra *Trost* (conforto) está linguisticamente relacionada à palavra *Treue* (fidelidade) e se refere à firmeza interior: permanecer firme como uma árvore. As palavras de Paulo são como uma árvore, que permanece firme e em cuja proximidade podemos adquirir uma nova firmeza em meio ao luto. A raiz da palavra *Treue* (fidelidade) também significa "ousar" e "confiar". Uma pessoa com confiança consegue permanecer firme na esperança. Aqui, Paulo diz que toda a nossa esperança se apoia em Deus; é nele que ela tem seu fundamento. Na Carta aos Romanos, Paulo diz que esperamos aquilo que não vemos (Rm 8,25). Quando estamos doentes, quando fracassamos com um projeto, não conseguimos ver melhora nem solução, mas temos a esperança de que Deus transformará a situação, que Ele encontrará uma solução que nós ainda não conseguimos enxergar. Essa esperança nos mantém vivos; sobre ela há um provérbio latino: *Dum spiro spero*, "Enquanto respiro, tenho esperança". A esperança nos mantém vivos no meio das aflições da nossa vida; ela não permite que caiamos em desespero; ela tem um fundamento: o Deus que ressuscita os mortos, o Deus que ressuscita o Filho morto.

Assim, Paulo nos convida, por meio de sua própria experiência, a nunca desistirmos de nós mesmos, mas, dependendo do caso, aceitarmos que *aparentemente* nos encontramos numa situação sem saída; não devemos nos concentrar na falta de perspectiva, mas olhar para aquele Deus que ressuscita os mortos. Levantar os olhos nos conecta com a esperança que está profundamente enraizada na nossa alma. Sobre essa esperança Paulo escreve:

> A esperança não engana, pois o amor de Deus se derramou em nossos corações pelo Espírito Santo, que nos foi dado (Rm 5,5).

A esperança olha não só para a ação futura de Deus, que transformará a nossa situação desesperadora em salvação. Ela se refere também ao amor que já foi derramado em nosso coração. Quando vamos até o fundo da nossa alma numa situação desesperadora e lá sentimos o amor, tudo se transforma para nós. Então não importa mais se recuperaremos nossa saúde, se encontraremos novo emprego. O que importa é viver a partir desse amor que jorra no fundo da nossa alma. Em meio ao infortúnio, esse amor já é salvação; em meio à escuridão, esse amor já é luz. O amor transforma *agora* a nossa vida. A fé nos diz sobre esse amor que ele é mais forte do que a morte, mais forte do que toda aflição.

"AINDA PERSEVERAS NA TUA INTEGRIDADE?" (JÓ 2,7-13)

Nikolaus Schneider

> Saindo então satanás da presença do SENHOR, feriu Jó
> com uma úlcera maligna, desde a planta dos pés até
> o alto da cabeça. E Jó pegou um caco para raspar-se,
> sentado sobre um monte de cinzas. Sua mulher lhe
> dizia: "Ainda perseveras na tua integridade? Amaldiçoa
> a Deus e morre!" Ele disse: "Falas como falaria uma
> tola. Se aceitamos de Deus os bens, não deveríamos
> aceitar também os males?" Apesar de tudo isto Jó não
> pecou com seus lábios.
> Três amigos de Jó souberam de toda a desgraça
> que tinha caído sobre ele e vieram cada um de sua
> terra: Elifaz, de Temã; Baldad, de Suás; e Sofar, de
> Naamat. Combinaram entre si ir compartilhar de sua
> dor e consolá-lo. Quando o avistaram de longe, não
> o reconheceram. Puseram-se então a chorar em voz
> alta, rasgaram seus mantos e jogaram pó para o ar por
> sobre as cabeças. Ficaram com ele, sentados no chão,
> durante sete dias e sete noites, sem dizer-lhe uma
> palavra, pois viram como era grande a sua dor
> (Jó 2,7-13).

Como e por que ocorrem o mal e todas as catástrofes que acometem as pessoas? Esta pergunta já era feita em tempos bíblicos. Muitos textos da Bíblia refletem tentativas de responder a essa pergunta. O mesmo acontece no livro de Jó; a narrativa desse livro identifica satanás como causador do mal que acomete o bom homem Jó. Satanás recebe de Deus a permissão para testar a fidelidade de Jó por meio de experiências de sofrimento que ele não merecia. Satanás, o causador do mal, é representado como uma entidade altamente poderosa; ao mesmo tempo, ele transita pela corte de Deus. Por outro lado, ele não está à mesma altura de Deus. Mas Deus fala com ele e aceita fazer um acordo. Isso é confortante e preocupante ao mesmo tempo. O poder do mal representado por satanás é limitado pelo poder de Deus, isso é confortante. Mas por que o poder do mal recebe tanto espaço de manobra para hostilizar o ser humano e a vida? Por que Deus simplesmente não o elimina? Isso é preocupante e mantém em aberto há milhares de anos a pergunta pelo porquê do mal – também e especialmente para pessoas que confiam em Deus.

Quando ouvimos e lemos o texto, ficamos atônitos diante da confiança entre Deus e Jó, primeiramente com a confiança de Deus em Jó. "Que confiança!" Deus confia que a piedade de Jó resistirá até às maiores adversidades que podem acometer a um ser humano em sua vida terrena; Ele confia que Jó resistirá à perda de todos os seus bens, à perda dos filhos. E finalmente ele também perderá a sua saúde, o que o levará até à beira da morte. Deus confia na lealdade de Jó, e este permanece fiel a Deus, a despeito de tudo que o ele vivencia desmerecidamente, a despeito de todas as perguntas sobre como e por que Deus permite tudo aquilo.

O papel da esposa de Jó nesse drama bíblico é ingrato; ela encoraja Jó a fazer aquilo que satanás pretende alcançar. A escuridão de seu papel faz com que a lealdade de Jó brilhe ainda mais. Ao refletir sobre esse texto, o Padre da Igreja Agostinho chama a esposa de Jó de *diaboli adjutrix*, uma ajudante de satanás. A esposa de Jó serve para confirmar a tese de satanás de que os seres humanos só confiam em Deus enquanto estiverem bem e de que também Jó se comportará dessa forma. contanto que os ataques contra ele sejam graves o suficiente. A esposa de Jó expressa toda a amargura que satanás pretende provocar em Jó: em vista do mal que você e nós vivenciamos e em vista dos sofrimentos físicos que você está padecendo, sua vida se transformou em tortura e perdeu todo o sentido. Sua confiança em Deus não pôde salvá-lo do mal. Diante disso, é melhor morrer; na verdade, você já é um vivo-morto. Então permita o que já se tornou fato: "Amaldiçoa a Deus e morre!"

A função de ser porta-voz e instrumento de satanás é atribuída à esposa de Jó nessa história, e em Agostinho, isso leva à confirmação do preconceito teológico de que a mulher é a porta de entrada para o pecado neste mundo. Assim como Eva seduziu Adão ao pecado no paraíso, a esposa de Jó tenta agora seduzir seu marido a amaldiçoar a Deus. Essa atribuição de papéis com base em gêneros é fatal e teve como resultado uma história de hostilidade contra a mulher nas Igrejas cristãs, que perdura até hoje. Ao piedoso Jó a ação de sua esposa dá uma oportunidade especial de provar sua fidelidade e de fazer brilhar a sua confiança sólida em Deus. A ação da esposa de Jó resulta em sua forte mensagem a ela e a todos os ouvintes dessa história: "Se aceitamos de Deus os bens, não deveríamos aceitar também os males?"

Essa pergunta de Jó me inspira e me atordoa. Graças a Deus, existem limites para satanás como poder do mal personificado na nossa vida e no nosso mundo! Limites impostos por Deus e também limites impostos pela sólida confiança nele. O cálculo de satanás não fecha; ele não consegue manipular o mundo inteiro e incitá-lo contra Deus. Isso é confortador; uma mensagem maravilhosa em vista de tantas experiências terríveis com o poderoso mal no mundo e na vida de pessoas. Mas eu ouço e leio a mensagem de Jó também com certa inquietude: Será que eu também conseguiria pensar e falar dessa maneira se um mal comparável acontecesse a mim?

Eu vivenciei o mal. Não na medida e extensão de Jó e de sua esposa, mas conheço a experiência abismal da morte de uma filha.

O que me conecta com Jó é que, diante da morte da minha filha aos 22 anos de idade, eu não amaldiçoo a Deus; mas não posso dizer que minha reação a essa experiência tenha sido igual à de Jó nesse texto hebraico: não só suportar o mal, mas aceitá-lo. Em momento algum eu questionei a existência de Deus; eu sabia para quem olhar quando as lágrimas banhavam meu rosto, e sempre permaneci grato pelo presente dessa moça maravilhosa. Mas aceitar a morte da minha filha com a mesma gratidão com que aceitei seu nascimento, eu não pude nem quis fazer isso. E essa continua sendo a minha postura até hoje.

Outro aspecto atemporal da história de Jó é importante para mim: amigos em momentos de necessidade são uma grande bênção. Isso não era diferente para Jó: três amigos ficaram sabendo de seu sofrimento, foram até ele, demonstraram sua tristeza e se sentaram calados ao seu lado por sete dias e sete noites. Imagine isso nos dias de hoje: uma interrupção de sete dias de sua rotina, sem dizer nem fazer nada além de demonstrar empatia pelo sofredor e suportar calado a aflição do amigo; ter a sensibilidade de perceber que, por ora, a dor é grande demais para palavras apropriadas e confortadoras.

Na Bíblia, Jó é o exemplo *par excellence* para o fato de que pessoas boas podem experimentar o mal. Não existe uma relação inequívoca entre ação e bem-estar no relacionamento de confiança entre Deus e o ser humano. A esposa e os amigos de Jó não conseguiram entender isso, e nós cristãos também não conseguimos fazê-lo até hoje, tendo dificuldades de aceitar aquele fato.

A confiança em Deus não era e não é uma garantia contra o mal e o sofrimento que experimentamos em nossa vida terrena; a confiança de Deus em Jó e a confiança de Jó em Deus nos dão testemunho disso. Jó se agarra à sua piedade, à sua confiança em Deus e, ao mesmo tempo, à sua inocência, mesmo que não encontre uma resposta satisfatória e lógica à pergunta: Por que Deus permitiu que isso acontecesse comigo? De fato: "Que confiança é esta que ostentas?"

"AQUI ESTOU" (GN 22,1-19)

Anselm Grün

Acredito que quase todos conhecem a história em que Deus instrui Abraão a sacrificar o seu filho Isaac e o impede de fazê-lo somente no último instante, quando a faca já paira sobre o pescoço dele. Essa história é narrada em Gn 22,1-19. Podemos interpretar essa narrativa de maneiras muito diferentes. Os exegetas nos dizem que ela é uma história de protesto contra os sacrifícios de crianças, que eram comuns entre os cananeus, que viviam na vizinhança imediata de Israel. Outros ressaltam a prova de fé à qual Deus submete Abraão. Nesse caso, a história trata não só do sacrifício do filho, mas também da profunda confiança de Abraão em Deus. Pretendo atualizar ambas as tradições exegéticas em relação à nossa própria experiência.

Quero dar continuação à primeira interpretação, segundo a qual Deus não exige o sacrifício das crianças de Israel, em relação à situação de muitos pais e filhos. Sob esse ponto de vista, a história significa para mim que não é Deus quem exige de Abraão o sacrifício de seu filho, mas sim a imagem de Deus. Essa é uma interpretação psicológica que certamente remete a muitas experiências feitas pelas pessoas em sua vida espiritual. Muitas vezes, uma imagem de Deus rigorosa exige que os pais ofereçam seus filhos como sacrifício. Em decorrência disso, os filhos não podem viver a vida que Deus tinha planejado para eles, mas são forçados a se adaptar a uma norma rígida. O recurso para impor essa norma é o medo de Deus. Uma senhora me contou que seu pai, muitíssimo piedoso, a repreendeu quando ela, aos 15 anos de idade, contou-lhe, transbordando de alegria, que queria ir ao cinema assistir uma comédia; ele a olhou com um olhar tão triste e acusador que, durante muito tempo, ela não teve a coragem de satisfazer sua necessidade de diversão e alegria; sua vivacidade havia sido sacrificada no altar de um rigorismo sem alegria.

Se entendermos a história de Abraão dessa maneira, então é um anjo que Deus envia para pôr um fim a essa prática. O anjo aponta Abraão para o carneiro, uma imagem de força e sucesso, que deve ser sacrificado no lugar do filho. Alguns pais sacrificam seus filhos no altar de seu sucesso, mas Deus envia um anjo que protege os filhos dessa imagem agressiva em relação a Ele. O que precisa ser feito é desenvolver uma imagem de Deus que inspire confiança, para contrapô-la à imagem do Deus que aterroriza.

A outra interpretação, que visa o aspecto da confiança, pode ser aplicada aos nossos apegos. Amamos algo que nos é familiar mais do que amamos a Deus; nós nos apegamos a hábitos, a pessoas, à nossa casa, ao nosso carro, e sem que o percebamos, aquilo ao qual nos apegamos se coloca entre nós e Deus. A história quer nos encorajar a renunciar àquilo que aprendemos a amar para edificarmos a nossa vida em Deus, e não naquilo que amamos.

Analisemos a história sob este aspecto. Abraão era grato pelo filho que Deus tinha dado à sua esposa, que fora estéril por longos anos. Agora, Deus queria que ele sacrificasse esse filho. A Bíblia diz que Deus queria provar Abraão. Mas como as promessas que Deus tinha dado a Abraão deveriam se cumprir se ele sacrificasse seu único filho? Por que Deus lhe dá um filho para então exigir seu sacrifício? Qual é o sentido de tudo isso?

Em sua interpretação dessa história, Søren Kierkegaard destacou principalmente a obediência incondicional de Abraão; este não sabia como essa obediência poderia resultar numa bênção. Essa obediência que Deus exige dele parece ser uma obediência cruel, mas se interpretarmos a história como o fizeram muitos Padres da Igreja, ficaremos maravilhados diante da confiança que Abraão teve a despeito desse sacrifício absurdo. Ele não saberia se haveria um futuro sem o seu filho. No entanto, confiou que Deus levaria tudo a um bom final.

Nesse sentido, a história nos desafia a confiar nas promessas de Deus, na promessa de que somos abençoados e podemos ser uma bênção para os outros. Muitas vezes, não sabemos como isso acontecerá. Às vezes, somos desafiados a renunciar a algo a que nos apegamos: o emprego, o apartamento, os vizinhos com os quais construímos bons relacionamentos; não reconhecemos o sentido de abrir mão de tudo isso. Mas quando Deus nos desafia a renunciar a algo que amamos, isso pode se transformar em uma bênção.

Às vezes, a vida nos obriga a desapegarmos de algo que é importante para nós. Quando adoecemos gravemente, o sacrifício que é exigido de nós é a vida. Quando um ente querido ameaça morrer, é preciso soltá-lo. Não sabemos como a doença, que destrói o nosso futuro, ou a morte de um ente querido podem se transformar em bênção. Mas a história de Abraão nos convida a soltar tudo aquilo que nos é caro e que acreditamos precisar para viver, confiando que Deus nos dará outra coisa; por exemplo, que a doença nos conduza a uma nova qualidade de vida e que o luto pela morte de um ente querido nos abra para novas dimensões da alma.

Existe ainda outro aspecto nessa história, que considero importante. Abraão está disposto a sacrificar seu filho a Deus.

Muitas vezes, vemos sacrifícios como algo agressivo, e isso se expressa também nessa história: Abraão pega a faca para abater seu filho (Gn 22,10). No entanto, sacrifício significa entrega, que é expressão de confiança: eu me entrego na conversa com uma pessoa; eu me entrego ao trabalho; eu entrego meu tempo e a mim mesmo a outros. Quando entregamos algo a outros que é tão precioso para nós, como o próprio filho, vivenciamos bênçãos. Jesus expressa isso com as palavras:

> Pois quem quiser salvar a sua vida, vai perdê-la;
> mas quem perder a sua vida por amor a mim e pela
> causa do Evangelho, há de salvá-la (Mc 8,35).

Uma pessoa que gira somente em torno de si mesma e igualmente quer guardar tudo para si perde a vivacidade e o relacionamento com os outros. Quando estamos dispostos a entregar a nossa força e o nosso tempo em favor dos outros, salvamos a nossa vida ou, como diz o texto grego, a nossa psique; ou seja, a nossa alma. A entrega faz bem à alma; mediante a entrega, ela encontra a si mesma.

Como isso pode acontecer concretamente? Hoje em dia constatamos que um número muito grande de pessoas gira constantemente em torno do si-mesmo e daquilo que "lhes traz algo"; porém, não são felizes com esse tipo de atitude. Mas quando as pessoas desviam seu olhar de si mesmas e olham para as demais, entregando-se, por exemplo, àquelas que precisam da nossa ajuda, não pensam na vantagem que obterão disso. No momento do sacrifício, Abraão também não pensou na vantagem que sua obediência lhe traria; ele simplesmente agiu e confiou que Deus tinha preparado um caminho para ele, mesmo que não pudesse imaginar qual seria.

Uma mãe que sacrifica a noite inteira por seu filho que não para de gritar e não se acalma, não pensa em si mesma e naquilo que seu comportamento lhe trará; ela simplesmente se entrega à aflição do filho, confiando que Deus abençoará sua entrega. As pessoas que se empenham em favor dos fugitivos, vítimas de violência, não pensam em vantagens pessoais; elas simplesmente percebem a aflição deles e se entregam, doando seu tempo e sua força. A entrega não calcula, mas só pode ocorrer na confiança de que Deus abençoará as pessoas socorridas à sua maneira. Assim, a história de Abraão nos convida a nos entregarmos com confiança à pessoa que amamos, ao trabalho, ao momento e a Deus. Quando nos entregamos, não desistimos de nós mesmos, mas nos conquistamos de maneira nova; Deus nos dá o presente da vida de uma maneira nova.

"A TUA CONFIANÇA TE SALVOU"
(LC 7,36-50)

Nikolaus Schneider

Um fariseu convidou Jesus para ir comer com ele. Jesus entrou em sua casa e se pôs à mesa. Uma mulher que era pecadora na cidade, quando soube que Jesus estava à mesa na casa do fariseu, levou para lá um vaso feito de alabastro e cheio de perfume. Ela se pôs atrás de Jesus, junto aos seus pés, chorando. Começou a banhar-lhe os pés com as lágrimas e a enxugá-los com os seus cabelos; beijava os pés de Jesus e os ungia com o perfume.

Ao ver aquilo, o fariseu que o tinha convidado ficou pensando: "Se este homem fosse profeta, saberia quem é e que espécie de mulher é esta que o toca: é uma pecadora".

Tomando a palavra, Jesus lhe disse: "Simão, tenho uma coisa para dizer-te". E ele disse: "Fala, Mestre". "Um credor tinha dois devedores: um lhe devia quinhentas moedas de prata, e o outro cinquenta. Como não tivessem com que pagar, perdoou os dois. Qual deles o amará mais?" Simão respondeu: "Suponho que seja aquele a quem perdoou mais". Disse-lhe Jesus: "Julgaste bem".

E voltando-se para a mulher, disse a Simão: "Vês esta mulher? Entrei em tua casa e tu não me deste água para lavar os pés. Ela banhou meus pés com lágrimas e os enxugou com os seus cabelos. Tu não me saudaste com o beijo. Ela, desde que entrei, não parou de me beijar os pés. Tu não me ungiste a cabeça com óleo. Ela me ungiu os pés com perfume. Por isso, eu te digo que perdoados lhe são os muitos pecados, porque ela mostrou muito amor. Mas aquele a quem pouco se perdoa, mostra pouco amor". E Jesus disse à mulher: "Os teus pecados estão perdoados". Os convidados começaram a se perguntar: "Quem é este que perdoa até os pecados?" E Jesus disse à mulher: "A tua fé te salvou. Vai em paz"! (Lc 7,39-50).

"Uma pecadora unge Jesus" – este é o título que a tradução da Bíblia por Lutero intitula essa história. O título não fala explicitamente de confiança na versão de Lutero. Ele traduz o último versículo: "A tua fé te salvou. Vai em paz" (várias traduções da Bíblia traduzem a palavra grega *pistis* como "fé"). Os primeiros pensamentos que nos vêm quando ouvimos e lemos essa história giram menos em torno da questão de uma confiança útil, mas em torno do entendimento de pecado e do convívio correto com pecadoras. Evidentemente, em relação a este último, havia um conflito entre Jesus e alguns representantes da elite religiosa: os evangelhos contam em várias narrativas como Jesus manteve relacionamentos preciosos com pessoas classificadas como "pecadores" ou "pecadoras", como ele comia com essas pessoas e perdoava seus pecados. Os evangelhos contam, por exemplo, que alguns fariseus não concordavam com o comportamento de Jesus. Eles o rejeitavam por ser "amigo dos coletores do impostos e pecadores". Acreditavam que o convívio com pecadoras e pecadores era proibido a pessoas piedosas; as pessoas pecaminosas teriam destruído o seu relacionamento com Deus, e essa ruptura poderia danificar também o relacionamento de outras pessoas com Ele se interagissem com elas – como num tipo de contaminação espiritual. O convívio respeitoso de Jesus com pecadoras e pecadores também foi percebido por seus críticos como uma provocação, pois questionava o apreço especial de Deus pelos justos, e os fariseus acreditavam que pertenciam a esse grupo seleto. O comportamento de Jesus deixa claro que pureza cultual e obediência minuciosa à lei são insuficientes para a justiça diante de Deus enquanto não estiverem ligadas à conduta diária do justo, ao amor e à misericórdia.

E é exatamente esse conflito teológico que domina a história acima, do Evangelho de Lucas: a história volta a nossa atenção para uma pecadora conhecida na cidade inteira – provavelmente era uma prostituta – que busca o contato com Jesus na casa do fariseu Simão. O anfitrião de Jesus, como homem de Deus, considera inapropriado e indigno que Jesus permita que essa mulher o toque, unja e beije seus pés.

Ao responder aos pensamentos críticos de Simão, Jesus não questiona a classificação da mulher como pecadora. Também em seus olhos a prostituição é uma conduta pecaminosa, pois contraria os mandamentos da Torá. Mas como em outros lugares e em diversas ocasiões deste nosso mundo, muitas vezes as mulheres solteiras pobres em Israel só conseguiam sobreviver por meio da prostituição. Por isso, Jesus nos ensina, não só nessa passagem, a diferenciação ordenada por Deus entre a visão crítica do pecado e a visão amorosa da pecadora e do pecador.

Jesus não estava interessado numa desqualificação moral da mulher nem na garantia arrependida dela de que abandonaria a prostituição. O fato de que essa pecadora sofria com a realidade diária de sua vida pecaminosa se manifestou em sua unção ao mesmo tempo amorosa e desesperada dos pés de Jesus. O que Jesus pretendeu fazer quando perdoou os pecados dela é certificá-la de que Deus a ama.

Lucas não nos conta se depois dessa experiência a mulher conseguiu mudar a realidade diária de sua vida; a história de Lucas tampouco se envolve no discurso teológico sobre a pergunta se a conversão do pecador deve anteceder à graça e ao perdão de Deus. Jesus explicou ao fariseu Simão e a nós que o nosso amor é mais decisivo para uma vida abençoada por Deus do que obediência à lei e a certeza da fé. Essa pecadora amou profundamente a Deus, e Ele lhe perdoou seus muitos pecados por causa desse amor. Ela depositou toda a sua confiança em não ser rejeitada por Jesus. Pois, na verdade, existia o risco real de ela nem conseguir passar pela porta da casa, de não ser levada até Jesus. Este também poderia ter reagido à pressão dos piedosos, rejeitando-a. O medo da rejeição impede muitas pessoas a se aproximarem de outras e de entrar em contato com elas. Foi a força da confiança da mulher que a aproximou de Jesus. Por isso, ela pôde voltar para o dia a dia de sua vida; consolada, fortalecida e "em paz".

É desafiador o fato de que, no final dessa história, Jesus não exige uma conversão, dizendo: "Não peca mais", como, por exemplo, na história da adúltera em Jo 8. Aqui, o futuro da mulher permanece em aberto. Por isso, não devemos nos perder em especulações, perguntando se a comunidade cristã lhe ofereceria uma nova perspectiva de vida ou não. Quanto menos refletimos sobre o futuro da mulher, mais se evidencia o aspecto decisivo dessa história, e é nele que devemos nos concentrar!

Ao se despedir da pecadora, Jesus disse: "A tua confiança te salvou". Qual é a confiança à qual o texto se refere? Certamente não a uma autoconfiança inabalável, que diz: "Assim como sou e vivo, eu estou certa e sou amada por Deus". E tampouco a uma confiança em Deus alienada da realidade, que espera: "Deus, o Todo-poderoso, me transformará de forma milagrosa e maravilhosa. Ele me enviará o príncipe dos meus sonhos e fará de mim uma mulher respeitada". Acredito que essa história fala da coragem de confiar em Deus e Jesus "a despeito de tudo", uma coragem que está disposta também a encarar as circunstâncias difíceis da vida e também a própria dependência de ajuda. – Nós não somos como o Barão de Münchhausen, que conseguiu sair do lamaçal puxando seu próprio cabelo. E o texto também fala de uma confiança em Deus que não se alimenta de convicções teológicas nem da certeza de fé teórica, mas do desespero existencial, da esperança e do amor.

Ainda hoje, esse tipo de confiança em Deus praticada por pecadoras e pecadores parece insuficiente para algumas autoridades piedosas em nossas Igrejas para alcançar a graça e a proximidade de Deus. Mas Jesus nos encoraja: olhem para essa mulher.

Devemos ter a coragem de amar a Deus e os nossos próximos com todas as nossas falhas, com todos os nossos abismos e com todo o nosso desespero – também contra os gritos escandalizados dos piedosos! Deus espera por nós. Jesus suporta essa proximidade e a preza. Nisso podemos confiar.

"REPREENDEU-LHES A INCREDULIDADE E A DUREZA DE CORAÇÃO POR NÃO TEREM ACREDITADO" (MC 16,14-15)

Nikolaus Schneider

> Por fim apareceu aos Onze, quando estavam à mesa. Repreendeu-lhes a incredulidade e a dureza de coração, por não terem acreditado nos que o tinham visto ressuscitado dos mortos. E lhes disse: "Ide por todo o mundo e pregai o Evangelho a toda criatura" (Mc 16,14-15).

"Não é preciso ser um pouquinho louco para não desistir da confiança neste mundo e da fé em Deus?" – esta pergunta é atribuída ao escritor e filósofo da religião judeu Schalom Ben-Chorin. Num dos "tempos mais escuros" para os judeus, Schalom Ben-Chorin foi um "pouquinho louco" e escreveu em 1942 o texto Confiança a despeito de tudo:

> Amigos, o galho da amendoeira voltou a florescer e brotar,
> Isso não é um sinal de que o amor permanece?
> A vida não se foi, por mais que o sangue grite,
> Não menosprezem isso no tempo mais escuro.
> A guerra esmaga milhares, um mundo se vai.

Mas a vitória das flores da vida balança ao vento.
Amigos, o fato de que o galho da amendoeira gera flores
Seja para nós um sinal de como a vida vence.

Aos olhos de muitas pessoas, Schalom Ben-Chorin era certamente um pouco mais do que "um pouquinho louco", quando, diante do sofrimento e da morte indescritível de seus irmãos na fé, ele não renunciou à confiança na presença de Deus na história de seu povo. "Um pouquinho loucas" eram também as mulheres que, segundo as narrativas dos evangelhos, foram até a sepultura de Jesus para ungir o seu corpo. Lá não encontraram o seu Senhor morto, mas um anjo que lhes disse: "O crucificado ressurgiu!", e elas confiaram na mensagem do anjo.

Isso igualmente vale para nós cristãos, há mais de 2.000 anos após aquela primeira manhã de Páscoa em Jerusalém; creio que também somos "um pouquinho loucos" se quisermos confiar que a mensagem angelical da Páscoa vale também para o nosso presente, como também para a nossa vida e nossa morte.

Os versículos acima, do último capítulo do Evangelho de Marcos, mostram-nos que, mesmo antes do período do Esclarecimento, as pessoas não acreditavam em todas as mensagens que recebiam quando estas questionavam o seu mundo de vivência e suas faculdades racionais. Para os discípulos de Jesus, perguntas e dúvidas faziam parte de seu confronto com a mensagem da Páscoa. O próprio Ressurreto precisou romper a incredulidade e a "dureza de coração" de seus seguidores.

Jesus, o homem que nós cristãos cremos ser a Palavra Viva de Deus, encorajou as pessoas no passado, em Israel, e as encoraja hoje, no mundo inteiro, a serem "um pouquinho loucas" e confiarem. Pois essa confiança aposta que a nossa realidade terrena está aberta para o poder da ação de Deus. Ela não segue plausibilidade lógica nem científica quando leva pessoas a crerem nesse "conceito louco de realidade"; quando essas pessoas vão "por todo o mundo e pregam o Evangelho a toda criatura"; quando dizem uns aos outros e ao mundo que Deus ama este mundo e as pessoas que nele vivem – a despeito de tudo o que ouvimos e vemos, a despeito de tudo o que as pessoas sofrem e vivenciam.

Muitas vezes, não são confiança e misericórdia, humanidade e solidariedade que determinam a nossa fala e as nossas ações, o nosso convívio e as nossas decisões políticas, mas incredulidade, dureza de coração, egoísmo e ganância. Também todos nós vivenciamos, no nosso dia a dia, quando "um mundo se vai", que nossa confiança e nossa fé se tornam frágeis:

- quando pessoas que amamos morrem repentinamente;
- quando pessoas em que confiamos nos enganam e traem;
- quando sentimos que nossas forças físicas e intelectuais estão diminuindo;
- quando nossas orações e petições incessantes parecem não ser ouvidas.

Minha experiência em tempos tão escuros é a leitura da história da paixão de Cristo e da mensagem da Páscoa nos evangelhos. Isso abre o coração para uma nova confiança e permite aprender novamente a ter confiança. Isso não é ver o mundo através de lentes cor-de-rosa, pois a mensagem da Páscoa não nega realidade cruel do sofrimento e da morte de Jesus na cruz; ela igualmente não nega, não reprime nem minimiza as experiências de sofrimento e cruz dos dias de hoje.

Confiar no poder de Deus, na sua força vital indestrutível no nosso mundo e proclamar o Evangelho a todas as criaturas não significa enxergar tudo de um ponto de vista adocicado. Os cristãos não fecham seus olhos diante das realidades terríveis do mundo; nós celebramos a Páscoa em meio a um estilo de vida que encara a morte como inimiga. E mesmo quando as pessoas abrem seu coração para a mensagem de Páscoa, o medo de forças e poderes destrutivos insiste em atormentar seus pensamentos e sentimentos.

Porém, esse medo não consegue mais nos paralisar e destruir nossa confiança mútua e em Deus. O nosso "realismo louco", que se abre e permanece aberto para a ação de Deus, coloca-nos em movimento. Nossa fé na ressurreição nos dá uma "confiança, a despeito de tudo", para além da morte. Isso nos torna empáticos e nos encoraja a ajudar as pessoas que estão próximas e distantes; faz-nos entoar cânticos de esperança contra todas as forças mortais deste mundo, porque o Ressurreto prometeu sua ajuda a todas as pessoas aqui na terra em todos os tempos e em todos os lugares, "até aos confins do mundo", e porque, com a vida, morte e ressurreição de Cristo, o Reino de Deus já se enraizou em nossa realidade terrena.

Essa confiança pascoal "um pouquinho louca" foi confessada por muitas pessoas ao longo dos milênios. O Jesus dos evangelhos queria e quer fortalecer as pessoas nessa loucura, para que todos aprendamos a confiar na força vital indestrutível de Deus, para que a morte e o medo dela não consigam manter cativos os nossos pensamentos e sentimentos, para que, com a nossa fala e a nossa ação, possamos ser geradores de esperança e confiança a todo o mundo e a todas as criaturas, e para que saibamos, em nossa confiança em Deus, que a nossa fé na presença dele é "um pouquinho louca", mas verdadeira!

"O SENHOR É MEU PASTOR" (SL 23)

Anselm Grün

O SENHOR é meu Pastor: nada me falta.
Em verdes pastagens me faz repousar,
conduz-me até às fontes tranquilas
e reanima minha vida;
guia-me pelas sendas da justiça
para a honra de seu nome.
Ainda que eu ande por um vale de espessas trevas,
não temo mal algum, porque Tu estás comigo;
teu bastão e teu cajado me confortam.
Diante de mim preparas a mesa,
bem à vista dos meus inimigos;
Tu me unges com óleo a cabeça,
minha taça transborda.
Bondade e amor certamente me acompanharão
todos os dias de minha vida,
e habitarei na casa do SENHOR
por longos dias (Sl 23).

Quando rezo o Sl 23, eu não o interpreto, entendendo-o como palavras pessoais; ele permite que eu me expresse com palavras que eu mesmo jamais encontraria, e assim vivencio uma profunda confiança na oração. Immanuel Kant escreve sobre este salmo:

Todos os livros que li
não me deram o conforto
que esta palavra da Bíblia me deu.

Os monges desenvolveram o método da *lectio divina* para a leitura da Bíblia: eu leio as palavras da Bíblia não para ampliar meu conhecimento sobre Deus, mas para encontrar o próprio Deus, provando e saboreando as palavras; ao ler, por exemplo, "O Senhor é meu Pastor, nada me falta", eu reflito se essa é a verdade essencial da minha vida, como eu me sinto diante dela? Tento descobrir quais são as experiências que faço em relação a ela e se essas palavras refletem a minha realidade. Então, sinto que em mim nasce uma profunda confiança.

Simplesmente permito que as palavras invadam meu interior, e lá gerem confiança, levando à relativização de minhas preocupações; passo a não me preocupar com tudo aquilo que terei de fazer hoje e se conseguirei seguir todo o meu planejamento; entrego-me à confiança de que *se Deus é o meu Pastor*, se Ele cuida de mim, *nada me faltará*, não me importando se tudo o que planejei será bem-sucedido.

O segundo versículo gera em mim paz interior: Deus me conduz até o lugar de descanso junto à água. Quando me sento à margem de um lago, fico em paz, observando as ondas suaves. O lago, em seus movimentos suaves, irradia tranquilidade. A água acalma, purificando tudo o que está turvo dentro de mim, todos os efeitos em meu espírito que as palavras dos outros têm sobre mim. Quando passo muito tempo sentado junto à água sou refrescado internamente, sinto-me puro e cristalino; que existe dentro de mim uma fonte que nunca se esgota: a fonte do Espírito Santo, que o Evangelho de João descreve como "água viva".

Deus sacia meu desejo e me guia pelas sendas da justiça, por caminhos que me levam a ela, que me corrigem e me apontam para Deus; Ele satisfaz meu anseio mais profundo. Quando recito lentamente as palavras do salmista e as faço ressoar em meu coração, entro em contato com o meu querer mais íntimo. Bem sei que nenhum sucesso e nenhuma pessoa podem satisfazer esse querer, mas somente Deus. A partir dessa experiência posso aceitar a minha vida, mesmo que eu a perceba medíocre. Meu anseio transcende este mundo; quando eu me oriento por Deus vivencio aquilo que o poeta e médico austríaco Arthur Schnitzler disse:

> É o anseio que nutre a nossa alma,
> não é seu cumprimento.

Quando Deus satisfaz o meu anseio, sinto-me nutrido, e isso faz nascer em mim uma profunda gratidão.

Em minhas caminhadas costumo recitar este versículo: "Ainda que eu ande por um vale de espessas trevas, não temo mal algum, porque Tu estás comigo; teu bastão e teu cajado me confortam". Estas palavras me libertam do medo de que meu caminho possa me levar a um vale de trevas. Não importa para onde a minha vida me leve, Deus está comigo como o pastor que usa seu cajado para me defender contra todos os animais selvagens e todas as forças inimigas. Enquanto caminho e medito sobre o versículo, aprofundo-me cada vez mais na confiança; seguindo confiante em meu caminho, confio igualmente que Deus me acompanha em todos os caminhares de minha vida e que, justamente por isso, nada pode acontecer comigo que realmente me prejudique. É claro que posso ficar doente em meu caminho, que posso sofrer um acidente, mas nada disso tem a capacidade de prejudicar o meu verdadeiro si-mesmo. Tudo porque estou protegido pela presença de Deus. Em nosso mosteiro cantamos o Sl 23 na noite de quinta-feira, nas Vésperas, que nós vinculamos à celebração da Eucaristia.

O versículo "Diante de mim preparas a mesa, bem à vista dos meus inimigos" nos remete à Santa Ceia, que Jesus nos legou. Ele fez isso, em vista de sua morte violenta na cruz, como legado de um amor que é mais forte do que a morte. Na Eucaristia celebramos essa ceia em vista das cruzes que costumam surgir na vida de nós humanos, noticiadas diariamente. A ceia que Deus prepara para nós em Jesus diante de todos os inimigos que pretendem prejudicar as pessoas é um sinal da esperança de que eles não vencerão e de que o domínio de Deus é mais forte do que todo o domínio das pessoas hostis.

Quando canto esse versículo durante a celebração da Eucaristia, a palavra da unção interpreta o evento da Comunhão. Tornar-se um com Cristo é como ser ungido com óleo. Por meio de Cristo, descubro minha própria beleza; quando Cristo me permeia, sua beleza transparece em mim. Cristo enche minha taça até ela transbordar com seu amor que se fez carne e que bebemos com o vinho transubstanciado. Quando bebo do cálice, lembro-me da palavra no Cântico dos Cânticos:

Teu amor é mais delicioso do que o vinho (Ct 4,10).

O Sl 23 encerra com estas confiantes palavras: "Bondade e amor certamente me acompanharão todos os dias de minha vida, e habitarei na casa do SENHOR por longos dias". Aqui o salmo medita sobre duas imagens. A primeira é o caminho que trilhamos. Nossa vida é um caminho que estamos sempre percorrendo. Nesse caminho não estamos sós; a bondade e a graça de Deus, a misericórdia e o seu amor sempre nos acompanham. A segunda imagem se refere à casa do Senhor. Ela se dirige ao nosso anseio de sempre podermos morar na casa do Senhor, de sempre podermos estar em sua casa. Peregrinação *e* lar, estar sempre a caminho *e* se abrigar na casa são os dois polos da nossa vida; ambos fazem parte dela. Em todos os lugares, no caminho e em casa, estamos cercados pelo amor de Deus.

Há pessoas que consideram este salmo otimista demais. Mas não nos esqueçamos de que ele também fala das provações e dos inimigos da alma. É justamente nas turbulências da vida que precisamos dessas palavras que falam do anseio mais profundo do nosso coração, do anseio por proteção e por um lar, do anseio por amor e bondade que sempre nos envolvem e nos protegem de tudo que nos ameaça no nosso dia a dia. Em todos os medos da nossa vida a meditação sobre essas palavras nos conecta com a confiança que, muitas vezes, se esconde no fundo da nossa alma. As palavras do Sl 23 despertam em nós a confiança adormecida, fazendo-a impregnar cada vez mais a nossa consciência.

POSFÁCIO

Anselm Grün

Nikolaus Schneider e eu analisamos diferentes aspectos da confiança: a autoconfiança, a confiança em outras pessoas e em Deus. Vimos que a confiança é uma postura fundamental do ser humano, uma condição fundamental para viver bem neste mundo. Eu sempre gostei de ler os textos de Nikolaus Schneider e os usei como inspiração.

Cada um de nós escreve sobre a confiança diante de um pano de fundo diferente: ele como teólogo e bispo evangélico, como pai de família, cuja confiança foi posta à prova com a morte de sua filha e a doença de sua esposa. Eu, como teólogo e monge católico, vivencio a confiança de outras formas: de um lado, na condição de monge, confiando em Deus; de outro, em muitas conversas de aconselhamento espiritual, abordando o conceito confiança sem querer impor uma solução piedosa e apressada para os problemas específicos das pessoas. Contemplar a confiança sob diferentes perspectivas e escrever de tal forma sobre ela que nós autores e nossos leitores possamos entendê-la como algo bom.

Em nossas reflexões sobre o tema meditamos também sobre textos bíblicos que falam dele. No Novo Testamento, é Jesus quem transmite confiança para as pessoas; Ele quer libertá-las de seu medo.

Sou eu! Não tenhais medo! (Mt 14,27),

disse o Mestre aos discípulos, que gritavam de medo porque acreditavam ser um fantasma quando Ele anda sobre as águas. Em meio ao seu medo Jesus quis lhes transmitir confiança, uma confiança que sustenta, mesmo quando o barco, também da vida, está prestes a naufragar. Todos nós ansiamos por essa confiança, que não se abala nem mesmo nas piores crises.

Em outra história de tempestade no mar, Marcos fala de um turbilhão que se apoderou do barco em que Jesus se encontrava com seus discípulos. Nós também conhecemos essa situação: de repente, nós nos vemos em meio a um turbilhão e perdemos a orientação, entrando em pânico como os discípulos. Eles tinham medo de afundar, então acordaram Jesus, que dormia no fundo do barco. Ele não perde a calma diante do turbilhão e das ondas que invadem o barco e o enchem de água; levantando-se, Ele ameaça o vento e diz ao mar agitado: "Silêncio! Calma!" (Mc 4,39). De repente, tudo se acalma. Jesus chama os discípulos de *covardes* porque eles não têm fé. Se a tivessem, confiariam na ajuda de Deus, também quando tudo em sua volta parece estar girando como um turbilhão e quando sua alma está agitada por causa de eventos que não entendem.

A pergunta é: Como podemos confiar igualmente em Jesus? A narrativa de Marcos da tempestade no mar pretende nos dar uma resposta: devemos confiar que, no meio das tempestades de nossa existência, não estamos sozinhos; que Jesus está no barco da nossa vida. Muitas vezes, porém, não temos contato com Ele, que está dormindo em nosso barco; não percebemos sua presença. No meio do nosso medo e da nossa covardia devemos nos voltar para Jesus, que habita em nós; devemos despertá-lo mediante a oração e entrar em contato com Ele. Se fizermos isso, diversas tempestades se acalmarão. Essa é a esperança que essa narrativa deseja nos transmitir.

Essa esperança, porém, só nos acalmará se ela nos foi ensinada, se os nossos pais nos deram confiança e a fortaleceram em nossa vida. A confiança que temos em nós mesmos, em outras pessoas e em Deus também precisa de razões psicológicas; a graça se sustenta na natureza, diz Tomás de Aquino. Mas, mesmo quando a natureza – isto é, a nossa constituição, a nossa educação e as nossas experiências com as pessoas – não nos equipou suficientemente com a confiança, podemos aprender a confiar na graça, que é capaz de curar a nossa natureza frágil e ameaçada. As histórias da Bíblia falam da graça, que faz crescer a confiança em meio à nossa fragilidade.

Nas muitas histórias de cura que os evangelhos nos contam, o tema é sempre a confiança. A mulher curvada pelo fardo de sua vida é reerguida por Jesus; então ela é capaz de louvar a Deus; ela não olha mais só para o chão, mas levanta os olhos para o céu (Lc 13,10-17). Na confiança que as pessoas doentes depositam em Jesus, Ele reconhece a fé que elas têm. Ao curá-las, Ele fortalece essa fé delas. Assim, Jesus disse à mulher hemorroíssa que ousou tocá-lo para ser curada:

Filha, a tua fé te curou. Vai em paz! (Lc 8,48).

E ao samaritano leproso, que agradece a Ele pela cura, Ele disse:

Tua fé te salvou (Lc 17,19).

Para Jesus, a fé tem uma força curadora; ela cura as nossas feridas. Quando Jesus fala da fé (*pistis*), Ele está se referindo à confiança que cresce em nós no encontro com Ele e que tem suas raízes na experiência com pessoas que confiaram em nós. Essa confiança nos levanta; ela nos dá a coragem de seguir novos caminhos. Quando encontramos Jesus, que nos levanta quando estamos curvados e que nos aceita incondicionalmente, mesmo quando nos sentimos como leprosos que não conseguem aceitar a si mesmos, cresce em nós uma confiança nova. Jesus nos transmite confiança no meio da doença, no meio do luto, no meio do nosso fracasso, no meio da nossa impotência; a confiança necessária para que nós possamos ajudar a nós próprios.

Jesus é o próprio exemplo dessa confiança. Ele confia em seu sentimento interior quando enfrenta sozinho os fariseus, que querem ver se Ele ousa curar no sábado (Mc 3,1-6); Ele não permite que a hostilidade dos fariseus o impeça de curar o homem com a mão paralisada; Ele confia em seu relacionamento com Deus para, em meio a um ambiente hostil, fazer o que corresponde à sua natureza. Quando os habitantes de Nazaré pretendiam jogá-lo do topo de uma montanha, Ele passou por meio deles e foi embora (Lc 4,30). Sentimos a confiança com a qual Jesus passa sem medo à multidão raivosa. Tendo sua âncora em Deus, Ele não permite que as pessoas tirem dele a sua confiança.

Ansiamos pela confiança que encontramos em Jesus; sentimos que é difícil viver bem sem ela. Fazemos bem em praticarmos esse anseio por confiança; nesse anseio já há confiança. Porém, essa confiança deve ser alimentada pelo encontro com outras pessoas e com Jesus. A confiança é algo inato em nós, mas precisamos do encontro com pessoas e com Deus para que ela – que todos nós podemos encontrar no fundo de sua alma – penetre, impregne e fortaleça a nossa consciência, a ponto de fundamentar a nossa vida.

A felicidade das pequenas coisas

Anselm Grün

A insatisfação com as coisas ou com outras pessoas geralmente tem uma causa mais profunda: a insatisfação com a própria vida. Você se concentra em tudo que não vai bem. Você tem sempre algo a reclamar. Claro, sempre há razões pelas quais você pode estar insatisfeito. E há coisas no relacionamento, na empresa, na história da própria vida que não são fáceis de aceitar. Mas isso também depende da sua atitude interior, de como você reage ao que confronta. Já a pessoa satisfeita concorda com a vida. Também já se queixou, já foi insatisfeita, mas rapidamente se acostumou e disse sim a tudo.

Nesse livro, Anselm Grün irá ponderar sobre os tipos de satisfação, o bem-estar perante a vida e aquela satisfação restrita de quem se concentra em si mesmo. Observará como diferentes atitudes e condições podem nos levar à satisfação. Somos felizes se somos satisfeitos, se estamos em harmonia com nós mesmos e com nossas vidas. Outra atitude é o contentamento. Contentamento é também simplicidade. O frugal se contenta com uma vida simples, e a satisfação tem forma de gratidão. Quem é grato por aquilo que Deus lhe deu, grato pelo que tem hoje, está de bem com a vida.

Autor reconhecido no mundo inteiro por seus inúmeros livros publicados em mais de 28 línguas, o monge beneditino **Anselm Grün**, da Abadia de Münsterschwarzach (Alemanha), une a capacidade ímpar de falar de coisas profundas com simplicidade e expressar com palavras aquilo que as pessoas experimentam em seu coração. Procurado como palestrante e conselheiro na Alemanha e no estrangeiro, tornou-se ícone da espiritualidade e mestre do autoconhecimento em nossos dias. Tem dezenas de obras publicadas no Brasil.

A hora é agora

Por uma Espiritualidade Corajosa

Joan Chittister

"Notícia de última hora: o mundo é um campo minado de diferenças.

Não há dúvida quanto a isso. A direção que escolhermos, nesta nova encruzilhada do tempo, não só afetará o futuro dos Estados Unidos, como irá determinar a história do mundo. O futuro depende de virmos a tomar decisões sérias sobre o nosso papel, pessoal, na formação de um futuro que atenda à vontade de Deus para o mundo, ou então meramente escolher sofrer as consequências das decisões tomadas por terceiros, que pretendem impor a sua própria visão do amanhã.

Este é um momento atemorizador. Em cada encruzilhada, cada um de nós tem três possíveis opções."

(Passagem retirada do Prólogo)

*   *   *   *

RESUMO

Em seu último livro, Joan Chittister – uma força arrebatadora e instigadora em prol da justiça social e ardorosa defensora da fé individual e da plenitude da realização espiritual – bebe da sabedoria dos profetas, os de outrora e os de agora, para nos ajudar a confrontar os agentes sociais que oprimem e silenciam as vozes sagradas entre nós.

Ao emparelhar os *insights* bíblicos com as narrativas dos proclamadores da verdade que nos antecederam, Chittister oferece aos leitores uma visão irresistível para combater a complacência e nos impelir na criação de um mundo de justiça, liberdade, paz e autonomia.

Para os cansados, os rabugentos e os temerosos, esta mensagem revigorante nos convida a participar de uma visão de mundo maior do que aquela em que vivemos imersos hoje. Isto é espiritualidade em ação; isto é ativismo prático e poderoso para os nossos tempos.

CULTURAL

Administração
Antropologia
Biografias
Comunicação
Dinâmicas e Jogos
Ecologia e Meio Ambiente
Educação e Pedagogia
Filosofia
História
Letras e Literatura
Obras de referência
Política
Psicologia
Saúde e Nutrição
Serviço Social e Trabalho
Sociologia

CATEQUÉTICO PASTORAL

Catequese
  Geral
  Crisma
  Primeira Eucaristia

Pastoral
  Geral
  Sacramental
  Familiar
  Social
  Ensino Religioso Escolar

TEOLÓGICO ESPIRITUAL

Biografias
Devocionários
Espiritualidade e Mística
Espiritualidade Mariana
Franciscanismo
Autoconhecimento
Liturgia
Obras de referência
Sagrada Escritura e Livros Apócrifos

Teologia
  Bíblica
  Histórica
  Prática
  Sistemática

VOZES NOBILIS

Uma linha editorial especial, com importantes autores, alto valor agregado e qualidade superior.

REVISTAS

Concilium
Estudos Bíblicos
Grande Sinal
REB (Revista Eclesiástica Brasileira)

VOZES DE BOLSO

Obras clássicas de Ciências Humanas em formato de bolso.

PRODUTOS SAZONAIS

Folhinha do Sagrado Coração de Jesus
Calendário de mesa do Sagrado Coração de Jesus
Almanaque Santo Antônio
Agendinha
Diário Vozes
Meditações para o dia a dia
Encontro diário com Deus
Guia Litúrgico

CADASTRE-SE
www.vozes.com.br

EDITORA VOZES LTDA.
Rua Frei Luís, 100 – Centro – Cep 25689-900 – Petrópolis, RJ
Tel.: (24) 2233-9000 – Fax: (24) 2231-4676 – E-mail: vendas@vozes.com.br

UNIDADES NO BRASIL: Belo Horizonte, MG – Brasília, DF – Campinas, SP – Cuiabá, MT
Curitiba, PR – Fortaleza, CE – Juiz de Fora, MG – Petrópolis, RJ – Recife, PE – São Paulo, SP